하나님을 높여라

SPURGEON on PRAISE

Copyright 1995 ⓒ by Whitaker House
Korean edition ⓒ 2010 by Dreambook Publishing House
with permission of Whitaker House, Inc.

All rights reserved.

이 책은 Whitaker House, Inc.사와 드림북출판사와의
독점 계약에 의해 한국에서의 출판권은 본사에서 소유하고 있습니다.
저작권법에 의해 한국 내에서 보호를 받는 저작물이므로
무단 전재와 복제를 금합니다.

하나님을 높여라

· 초판 1쇄 발행 2011년 1월 5일

· 지은이 찰스 스펄전 옮긴이 박민희
· 펴낸이 민상기 · 편집장 이숙희 · 펴낸곳 도서출판 드림북
· 등록번호 제 65 호 · 등록일자 2002. 11. 25.
· 경기도 의정부시 가능1동 639-2(1층) · Tel (031)829-7722, Fax(031)829-7723

· 책번호 46 · ISBN 978-89-92143-36-3 03230
· 잘못된 책은 교환해 드립니다.
· 이 출판물은 저작권법에 의해 보호를 받는 저작물이므로 무단 복제할 수 없습니다.
· 독자의 의견을 기다립니다.
· www.dreambook21.co.kr

하나님을 높여라

찰스 스펄전 지음 | 박민희 옮김

드림북

|저자에 관하여|

찰스 해돈 스펄전(Charles Haddon Spurgeon)은 1834년 6월 19일에 영국 에섹스(Essex)의 켈베돈(Kelvedon)에서 생존한 여덟 명의 자녀들 가운데 맏이로 태어났다. 그의 부모는 헌신적인 그리스도인들이었으며, 그의 아버지는 설교자였다. 스펄전은 1850년 열 다섯 살 때 회심을 경험했다. 그는 가난한 사람들을 도우면서 소책자를 나누어주기 시작했고, 그는 "소년 설교자"(the Boy Preacher)로 알려졌다.

그 다음 6년은 그에게 중대한 결과를 가져왔다. 그는 열 여섯 살 때 처음으로 설교했다. 열 여덟 살 때, 그는 워터비치 침례교회(Waterbeach Baptist Chapel)의 목사가 되어 축사에서 설교했다. 스펄전은 20세가 되기 전에 600번 이상 설교했다. 1854년 이전에 그는 이미 유명해져 있었고 런던에 있는 뉴 파크로 교회(New Park Street Chapel)의 담임목사가 되어 달라는 요청을 받았다. 1856년에 스펄전은 수잔나 톰슨(Susannah Thompson)과 결혼했다. 그들은 쌍둥이 아들을 낳았는데, 후에 두 아들 모두 목회자가 되었다.

스펄전의 감동적인 설교들과 생생한 설교 스타일은 많은 사람들을 끌어당겼고, 많은 사람들이 그리스도께로 나아왔다. 금새 사람들이 많아져 교회 가까이 있는 좁은 거리들의 통행이 막히게 되었다. 결국 강당을 임대하여 그곳에서 예배를 드리게 되었고, 스펄전은 종종 1만 명 이상의 회중에게 설교했다. 메트로폴리탄 교회(Metropolitan Tabernacle)는 1861년에 지어졌고 많은 사람들을 수용할 수 있었다.

스펄전은 3,500편의 설교를 출판했는데, 그것들은 너무 유명해져서 엄청나게 팔렸다. 한 시점에는 그의 설교 가운데서 매주 2만 5천부가 팔렸다. 그의 설교를 들으러 온 사람들 중에는 영국의 수상, 왕실 가족들, 그리고 플로렌스 나이팅게일(Florence Nightingale)이 있었다. 스펄전은 그의 생애 동안 어림잡아 약 1천만 명에게 설교했다. 그가 "설교의 대가"(the Prince of Preachers)라고 불리는 것은 결코 놀랄만한 일이 아니다.

그의 설득력 있는 설교에 더하여, 스펄전은 교육 기관들을 포함하여 자선봉사 단체들을 설립하고 지원했다. 오늘날에도 여전히 존재하고 있는 그가 설립한 패스터스 칼리지(pastor's college)는 그 당시 거의 9백명의 학생들을 교육시켰다. 그는 또한 잘 알려진 스톡웰 고아원(Stockwell Orphanage)을 설립하기도 했다.

찰스 스펄전은 1892년 1월 31일에 죽어 그의 주님과 함께 하기 위해 본향으로 돌아갔다.

|옮긴이의 말|

사도 바울은 실루아노와 디모데와 더불어 데살로니가인의 교회를 향해 "범사에 감사하라"(살전 5:18)고 권고한다. 왜냐하면 감사는 예수 그리스도 안에서 하나님의 구원의 은혜를 받은 그들(그리고 모든 그리스도인들)을 향하신 하나님의 뜻이기 때문이다. 감사는 고맙게 여기는 것이며 고마움을 나타내는 인사다. 그런 의미에서, 감사의 최고 형태는 찬송 또는 찬양이다.

찬송은 마음 깊은 곳에서부터 그리고 온 맘으로 하나님을 높이는 것이다. 그것은 단지 입술의 말만이 아니다. 내면의 문제이고 삶의 태도이기도 하다. 그래서 다윗은 자신의 마음을 하나님께로 정한 다음에 "내가 노래하며 나의 마음을 다하여 찬양하리로다"(시 108:1)라고 다짐했다.

찬송은 곡조 있는 감사다. 우리는 찬송을 통해 우리의 마음을 드리고 삶을 드리며 감사를 드린다. 그러므로 그리스도인들인 우리에게 있어서 찬송은 본분이고 특권이다.

우리에게 찬송이 본분인 것은, 우리는 하나님의 피조물들이며 하나님의 구속의 크신 은혜를 받았기 때문이다. 하나님의 구원은 말로 다 형용할 수 없는 놀라운 사건이다. 그러므로 우리에게 구원을 베푸신 하나님은 우리의 찬송을 받으시기에 합당하신 분이다. 당연히 하나님은 자신의 피조물이 자신을 높이는 것을 기뻐하시기 때문에 우리의 찬송을 기쁘게 받으신다.

그리고 우리에게 찬송이 특권인 것은 참된 의미에서 찬송은 오직 하나님을 인정하고 믿음을 가진 사람들만이 할 수 있는 것이기 때문이다. 하나님을 믿지 않는 사람들에게 찬송은 무의미하고 헛된 것이다. 찬송은 그것의 대상을 전제한다. 따라서 찬송의 대상이 되시는 하나님을 인정하지 않는데 어떻게 찬송할 수 있겠는가?

스펄전은 이 책 전체를 통해 하나님을 높이는 실천으로서의 찬송에 대해 말한다. 신자의 삶에서 찬송의 중요성을 일깨워준다. 그에 따르면, 신자들에게 찬송은 직무이며, 그래서 모든 신자는 항상 하나님을 찬송하되, 더욱더욱 찬송해야 한다. 그것도 평생에 걸쳐서 해야 한다. 왜냐하면 모든 신자에게 찬송은 "평생의 일"이기 때문이다.

스펄전이 말하는 것처럼, 하나님을 높이고 찬송하는 일은 평생에 걸쳐 수행해야 하는 귀한 사명이다. 그리고 그것은 하나님의 나라에서 계속 이어질 것이다. 왜냐하면 하나님을 찬송하는 것은 하나님의 백성의 "영원한 일"이기 때문이다. 그러나 하나님의 구속의 은혜를 받은 모든 백성은 그 일을 이 땅에서부터 해가는 것이 마땅하다.

한 가지 언급해 둘 것이 있다. 이 책에서 역자는 원서에 나오는 영어단어 praise를 문맥에 따라 찬송 또는 찬양으로 자유롭게 번역했다는 것이다. 우리말 성경에도, 특히 시편의 경우에 두 단어가 함께 사용되고 있다. 따라서 두 단어는 같은 의미이며, 그런 이유로 이 책에서 그 둘을 서로 바꾸어 사용하거나 읽어도 의미에는 조금도 차이가 없다.

개인적으로, 찰스 스펄전 목사님과 같은 저명한 목회자요 저술가의 책을 번역 소개할 수 있는 기회를 가지게 된 것은 큰 기쁨이다. 아무쪼록 이 책이 독자들로 하여금 하나님을 찬송하고 높이는 일을 계속해서 실천하도록 자극하고 이끌어준다면 그 기쁨은 그만큼 더 커질 것이다.

2010년 12월 5일
박 민 희

| 차 례 |

저자에 관하여 / 4
옮긴이의 말 / 6

1. 풍부한 찬양의 원리 | 11
2. 더욱더욱 | 43
3. 아침과 저녁의 노래 | 73
4. 받으실 만한 찬송과 서원 | 105
5. 기도의 능력과 찬양의 즐거움 | 137
6. 평생의 일 | 169

1장 | 풍부한 찬양의 원리

> 그들이 주의 크신 은혜를 기념하여 말하며
> 주의 의를 노래하리이다.
> (시 145:7)

시편 145편은 "다윗의 찬송시"라고 불린다. 다윗은 이 시 전체를 통해 하나님이 크게 찬양 받으시기를 간절히 바라고 있다. 그 때문에 그는 다양한 표현을 사용하여 거룩한 열정으로 같은 것을 반복해서 말한다. 잠시 여러분의 눈을 이 시에 고정시키고 다음과 같은 말에 주목해 보라. "내가 주를 높이고…주의 이름을 송축하리이다"(1절). "내가 날마다 주를 송축하며 영원히 주의 이름을 송축하리이다"(2절). "여호와는 위대하시니 크게 찬양할 것이라"(3절). "대대로 주께서 행하시는 일을 크게 찬양하며"(4절). "주의 존귀하고 영광스러운 위엄을…나는 작은 소리로 읊조리리이다"(5절). "사람들은 주의 두려운 일의 권능을 말할 것이요"(6절). 뿐만 아니라 마지막 절까지 여러 가지 비슷한 표현을 다르게 사용한다. 마지막 절은 다음과 같다. "내 입이 여호와의 영예를 말하며 모든 육체가 그의 거룩하신 이름을 영원히 송축할지로다"(21절).

다윗은 여호와 하나님이 찬양할 만한 분이라고 선언하는 것으로, 또는 하나님 찬양은 마땅히 마음 속 깊이 느껴야 한다고 주장하는 것으로 만족하지 않는다. 오히려 그는 우리가 그것을 공공연하게 이야기하고 공개적으로 선포하고 분명하게 표현하며 즐겁게 노래하기를 바란다. 성령의 감동을 따라 영감을 받은 시인은 모든 육체와 하나님의 모든 피조물에게 지극히 높으신 하나님을 찬양하라고 요구한다. 그 요구에 응하지 않겠는가?

다윗은 자신의 찬양의 의도를 말하면서 5절에서 영광스러운 왕이신 하나님의 위엄에 대해 이야기한다. 그 위엄 있는 보좌의 영광스런 광채에 그의 눈이 부셨던 듯하다. 그 때문에 그는 "나는 주의 영광스런 위엄을 읊조리리이다"라고 큰 소리로 외친다. 그런 다음 위엄 있는 그 보좌의 능력과, 그 공정한 판결을 행하시는 힘을 곰곰 생각한다. 그리고 나서 그는 6절에서 "사람들은 주의 두려운 일의 세력을 말할 것이요 나도 주의 광대하심을 선포하리이다"라고 외친다. 여기서 그는 경외심을 갖게 하는 전능하신 하나님의 위엄과 권능에 관해서 간략히 이야기한다. 그러나 그는 자신의 생각을 하나님의 은혜로 돌리고 나서, 자신의 주제와 그것의 여운에 잠겨 있고자 하는 자신의 바람에 중점을 두는 말을 확장하여 사용한다. "그들이 주의 크신 은혜를 기념하여 말하며 주의 의를 노래하리이다."

그래서 우리의 바람은 우리도 무한하신 여호와 하나님의 이름을 실컷 또는 한없이 찬양하고 크게 하는 것이며, 특히 우리의 마음을 넓히고 우리의 입을 크게 벌려 하나님의 크신 은혜를 풍부히 이야기하는 것이다. 회중 가운데 있는 모든 신자들에게 그 말씀은 참되다. "그들이 주의 크신 은혜를 기념하여 말하며 주의 의를 노래하리이다." 우리 모두도 하나님의 은혜를 분명하게 말하면서, 높이 뛰며 기쁜 노래로 하나님의 의에 대해 노래해야 할 것이다.

나는 여러분이 그 목표, 즉 여러분 모두가 동감하리라고 내가 확신하는 한 가지 목표를 보기 바란다. 다 와서 주님을 찬양하라. 그 초대가 너무 광범위한가? 9-10절을 주목하라. "여호와께서는 모든 것을 선대하시며 그 지으신 모든 것에 긍휼을 베푸시는도다 여호와여 주께서 지으신 모든 것들이 주께 감사하며 주의 성도들이 주를 송축하리이다." 나는 주님의 초대를 제한하지 않을 것이다. 여러분 모두는 주님의 박애의 강에서 마시기 때문에, 여러분이 드릴 수 있는 만큼의 찬송을 그분께 드려라.

그러나 하나님의 성도들을 향한 특별한 초청이 있다. 와서 영적 찬양으로, 마음의 찬양으로, 그리고 열린 찬양으로 그분의 이름을 송축하라. "레위 족속아 여호와를 송축하라 여호와를 경외하는 너희들아 여호와를 송축하라"(시 135:20). 마음 속 깊이 주님을 찬양하고 사모하며 그분을 아주 위대하게 하라. 왜냐하면 다음과 같이 써 있기 때문이다. "주의 성도들이 주를 송축하리이다"(시 145:10). 진정 이 말씀은 그냥 써놓은 것이 아니다. 성령이 우리 안에서 감동하실 때, 우리의 영혼이 오늘 주님을 송축하게 하라.

우리가 염두에 두는 그 목표를 진척시키기 위해서 우리는 두 가지에 초점을 맞출 것이다. 첫째는 하나님의 은혜에 관한 하나님 찬양을 풍부하게 표현하는 말을 확보하는 방법이다. 그리고 둘째는 그 풍부한 말을 확보하기를 바라는 동기이다.

먼저, 하나님의 은혜에 관한 하나님 찬양을 풍부하게 표현하는 말을 확보하는 방법에 대해 알아보도록 하자. 우리의 본문은 우리에게 풍부한 찬양의 정신적 원리를 제공해 주며, 우리가 그와 같은 찬양을 확보할 수 있는 계획을 보여준다. 그 단계들은 최고의 철학적 논법이 증명하는 단계들이다.

첫째, 우리는 주의 깊게 관찰함으로 풍부한 찬양을 확보하는 데 필요한 도움을 받게 된다. 본문을 주목하라. "그들이 주의 크신 은혜를 기념하여 말하며." 기억을 되돌리기 위해서는 무엇보다도 관찰이 필요하다. 사람은 자신이 결코 알지 못하는 것을 기억하지 못한다. 이것은 명백한 사실로서 모든 것에 해당된다. 그러므로 요점은 사실상 본문에 내포되어 있다. 하나의 사실이나 진실은 마음에 주는 인상에 비례하여 기억에 남는 것 같다. 여러분이 한편의 설교를 들을 경우, 그 후 여러분이 기억하는 것은 그 설교를 듣는 동안 여러분의 마음에 가장 강하게 와 닿는 내용이다. 그 때 여러분은 이렇게 말한다. "간단히 몇 자 적어두어야겠어. 내 마음에 무척 와 닿기 때문에 그것을 잊고 싶지가 않아." 여러분이 펜을 사용하든 사용하지 않든, 기억은 여러분이 바라는 대로 그것을 그것의 판에 적어둔다.

하나님이 우리를 다루시는 것도 정확히 그와 같다. 만일 우리가 그분의 은혜를 기억하기를 원한다면, 우리는 그것이 우리에게 인상을 남기도록 하지 않으면 안 된다. 우리는 하나님의 은혜를 알아차려야 하고 그것을 곰곰 생각해야 하고 그것을 묵상해야 하고 그것을 평가해야 하며 그것으로 하여금 우리 마음에 충분히 영향을 미치도록 해야 한다. 그러면 우리는 굳이 기억하려고 애써야 한다고 말할 필요가 없을 것이다. 왜냐하면 우리는 당연하게 기억하게 될 것이기 때문이다. 분명하고도 깊게 새겨진 인상은 쉽사리 사라지지 않을 것이며, 후에 우리는 그것을 회상하게 될 것이다. 그러므로 하나님을 풍부하게 찬양하기 위해 필요한 첫 번째 일은 그분의 은혜를 주의 깊게 관찰하는 것이다.

그러므로 우리가 관찰해야 하는 것-하나님의 은혜-이 무엇인지를 이해하라. 아주 많은 사람들이 그 복된 관찰의 대상을 이해하지 못한다. 그들은 섭리의 혜택은 받아들이지만 그 안에 있는 하나님의 손길은 보지 못한다. 그들은 하나님이 아낌없이 주시는 것으로 만족을 얻고 하나님의 돌보심을 통해 인도를 받는다. 그러나 그들은 자신들이 받는 모든 것을 자신들 때문이거나 제2의 매개자들 때문이라고 생각한다. 그들은 하나님을 생각하지 않으며, 따라서 그분의 은혜를 숙고하지 않는다. 그들은 그분의 은혜를 기억하지 못한다. 왜냐하면 그것을 관찰하지 않았기 때문이다.

어떤 사람들은 하나님의 은혜를 관찰하는 대신에 자신들에 대한 하나님의 불친절에 대해서 투덜거리며, 그분은 불필요하게 엄격하다고 생각한다. 비유에 나오는 무익한 종과 같이, 그들은 "주인이여 당신은 굳은 사람이라"(마 25:24)고 말한다. 또 어떤 사람들은 성경에 기록되어 있듯이 하나님의 방법을 판단하면서 온 땅의 심판자이신 하나님을 비난한다. 그들은 여호와 하나님의 은혜를 부정하면서 이 계몽된 세기를 위해서는 너무나 엄격하게 정의로운 신인 아브라함과 이삭과 야곱의 하나님이 아닌 다른 신을 내걸려고 시도한다. 그러나 우리는 여호와 하나님, 곧 아브라함과 이삭과 야곱의 하나님이요 우리의 주님과 구원자 예수 그리스도의 아버지 하나님을 예배한다. 그분 외의 다른 누구도 예배하지 않는다. 오늘날 많은 사람들이 우리 조상들에게 알려지지 않는 새로운 신들을 숭배하는데, 그 신들은 근대 철학자들이 볼 때 주피터(Jupiter) 만큼이나 구식인 구약의 하나님과 같지 않다. 오늘날 우리는 다윗과 함께 이렇게 말한다. "이 하나님은 영원히 우리 하나님이시니 그가 우리를 죽을 때까지 인도하시리로다"(시 48:14). "오라 우리가 굽혀 경배하며 우리를 지으신 여호와 앞에 무릎을 꿇자 그는 우리의 하나님이시요 우리는 그가 기르시는 백성이며 그의 손이 돌보시는 양이기 때문이라"(시 95:6-7).

우리가 예수님은 구약과 신약-우리가 서로 나뉘어진 것으로서가 아닌, 하나의 완전한 통일체로서 간주하는 계시로서의 구약과 신약-모두에 계시되었다는 것을 알 때, 우리는 그분 안에 있는 풍성한 은혜를 보게 된다. 우리가 부정할 수 없는 그 장엄

한 정의와 하나로 합체되어 있는 놀라운 은혜를 보게 되며, 하나님은 사랑이시라는 것을 매우 기뻐하게 된다. 하나님은 은혜로우시고 긍휼이 많으시고 노하기를 더디하시며 자비가 많으신 분이다. 그분은 불평할 것이 아무 것도 없으시다. 우리는 하나님이 우리를 대하시는 것이나 하나님의 성격과 관련하여 아무 것도 고치시기를 원하지 않는다. 하나님은 우리의 큰 기쁨이시다. 우리의 온 마음은 그분을 주의 깊게 관찰할 때 기쁨을 얻게 된다. "여호와여 신 중에 주와 같은 자가 누구니이까 주와 같이 거룩함으로 영광스러우며 찬송할 만한 위엄이 있으며 기이한 일을 행하는 자가 누구니이까"(출 15:11).

따라서 우리는 많은 사람들이 믿으려고 하지 않는 것, 즉 창조와 섭리와 구속의 하나님이시며 낙원과 시내(Sinai)와 갈보리의 하나님이신 여호와 하나님 안에 큰 은혜가 있다는 것을 깊이 생각해야 한다. 하나님이 자신을 알려주신 대로 그분을 아는 지식을 철저히 함양해야 한다. 계속해서 그분의 큰 은혜를 깊이 생각해야 한다. 그래야 그것을 계속 기억할 수 있게 된다.

우리에게 기꺼이 보려는 마음만 있다면, 우리는 매일 하나님의 은혜를 보게 될 것이다. 우리는 하나님이 행하신 아주 많은 행위 속에서 그것을 볼 수 있기에 나는 그것을 목록으로 만들지 않을 것이다. 왜냐하면 결코 그것을 완료하지 못할 것이기 때문이다. 우리는 피조물 가운데서 하나님의 은혜를 볼 수 있다. 그것은 모든 햇빛 속에서 빛나고 모든 이슬방울 속에서 반짝이고 모든 꽃 속에서 미소지으며 모든 산들바람 속에서 속삭인다. 수

많은 형태의 생명들로 가득한 땅과 바다와 하늘이 모두 주님의 은혜로 충만하다. 해와 달과 별들이 주님의 은혜를 선포하며, 땅에 있는 모든 것들이 그 선포를 되풀이한다. 우리는 또한 모든 것을 다스리시는 섭리 가운데서 하나님의 은혜를 보아야 한다. 순종하지 않는 심령들에 대해서는 그들이 하고 싶은 대로 투덜대도록 내버려둬라. 하나님의 나라에서는 은혜를 우러른다. 거기에서 악과 고통은 침입자들이다. 하나님은 자신이 지으신 모든 피조물에게 선하시되, 특히 만물이 선을 위해 함께 일하는 하나님의 영원한 사랑의 대상들에게 선하시다.

그러나 우리는 은총(grace)의 영역에서 하나님의 은혜(goodness)의 가장 고상한 형태를 볼 수 있다. 하나님이 우리를 선택하신 것에서 이채를 발하는 은혜와 함께 시작하라. 그런 다음 구속으로 말미암는 희망(silver thread), 성령의 사명, 부르심, 양자됨, 보존, 그리고 선택받은 자들이 완전하게 되는 것을 면밀히 살펴 보라. 그러면 여러분은 여러분을 크게 놀라게 할 풍성한 은혜를 보게 될 것이다. 구속의 나라 안에서 여러분이 거해도 좋은 곳에 거하라. 그러면 은혜의 강, 심지어는 은혜의 바다를 보게 될 것이다. 이것들을 기억하는 것은 여러분의 마음에 맡길 것이며, 주님의 구원의 경이 안에 있는 그분의 큰 은혜를 기념하여 풍부하게 말하는 것은 여러분의 입술에 맡기겠다. 여러분을 대신하여 말하는 것이 내 의도가 아니다. 내 의도는 여러분의 마음을 움직여 여러분 스스로 자신들을 위해 말하게 하는 것이다.

시인을 감동시켰고 또 틀림없이 우리 모두를 감동시킬 요점은, 하나님의 은혜는 크다는 것이다. 묵상하는 마음을 통해 하나님의 은혜에 근거하여 살아가는 사람을 깊이 생각함으로 우리는 그 은혜가 큼을 보게 될 것이다. 우리는 종종 사람들이 너무 감사한 나머지 "어떻게 이런 일이 내게 일어날 수 있는 거지?"라고 말하는 것을 듣게 된다. 하나님은 자신의 모든 백성에게 은혜로우신 분이라는 말은 그분의 자비를 나타내지만, 여기에서 하나님이 나를 자신의 백성 중 한 사람으로 삼으시고 나를 아주 잘 대해 주신다는 것은, 그분의 은혜는 그것을 능가한다는 것을 나타낸다! "주 여호와여 나는 누구이오며 내 집은 무엇이기에 나를 여기까지 이르게 하셨나이까…주 여호와여 이것이 사람의 법이니이다"(삼하 7:18-19). 그것은 큰 은혜이다. 왜냐하면 그것은 아주 하찮고 죄가 많으며 당연히 벌을 받아야 할 사람들에게 임하기 때문이다. 하나님은 아주 배은망덕한 사람들에게도, 심지어는 제대로 보답할 수 없는 사람들에게도, 아! 자신들이 보답할 수 있는데도 그렇게 하지 않는 사람들에게도 은혜로우시니, (그분은) 복되시도다. 주님, 제가 진정 야비한 피조물이라는 것을 깊이 생각할 때, 주님의 은혜가 큼을 고백하기가 쉬워지나이다.

하나님의 은혜가 크다는 것은 은혜를 베푸시는 분이신 하나님의 광대하심을 생각할 때 분명해진다. "사람이 무엇이기에 주께서 그를 생각하시며 인자가 무엇이기에 주께서 그를 돌보시나이까"(시 8:4). 하나님이 친히 자기 백성에게 복을 주시고, 자기 백성을 구원하기 위해 인간의 몸을 입고 오시며, 우리 안에 거하시면서 우리와 동행하시고 우리가 어려움을 당할 때 우리에게 즉각적인 도움이 되시는 하나님이시라는 것은 사랑의 기적이다. 이것은 큰 은혜가 아닌가? 나는 우리를 돌보라고 천사들에게 맡기시는 하나님의 무한한 자비를 아주 잘 이해할 수 있다. 그러나 놀랍게도 다음과 같은 말씀이 있다. "나 여호와는 포도원지기가 됨이여 때때로 물을 주며 밤낮으로 간수하여 아무든지 이를 해치지 못하게 하리로다"(사 27:3). 아, 그러한 개인적인 공손하심과 개인적인 돌보심이 크도다! 하늘의 상속자들이여, 여러분은 그저 모든 은혜의 개울에서가 아니라 그 원천에서 마실 것이다. 하나님 자신이 여러분의 분깃이요 여러분의 유업의 분깃이시다. 하나님은 하등 동물들과 함께 여러분을 버려두지 않으신다. 창조주 하나님 그분 자신이 여러분의 하나님이시다. 이것을 잊지 말고 계속해서 그분의 은혜를 생생하게 기억하라.

하나님의 크신 은혜는 경우에 따라 악을 통해 분명해지는데, 그것은 우리를 악에서 구한다. 사지가 고통으로 몹시 괴로움을 당해온 사람보다 건강의 복을 더 잘 아는 사람은 없다. 그때 그는 회복을 바라며 여호와 라파(Jehovah Rapha) 치유의 주님을 송축한다. 죄 짐에 눌리고 또 양심의 가책에 시달려온 사람들보다 구원이 무엇을 의미하는지를 더 잘 아는 사람은 없다. 여러분은 여태껏 저주를 받아 그분 앞에서 버림을 받았다는 느낌이 든 적이 있는가? 소스라치게 놀란 여러분의 양심에서 지옥의 고통이 시작되었는가? 짙은 구름과 어둠이 여러분의 죄를 범한 영을 에워싸는 동안, 여러분의 영혼은 살기보다 죽기를 더 원한 적이 있는가? 만일 그렇다면, 주님이 여러분의 죄를 없애주시면서 네가 "죽지 아니하"리라(삼하 12:13)고 말씀하셨을 때, 그리고 그분이 여러분을 감옥에서 이끌어내어 여러분을 묶은 쇠사슬을 끊으시고 여러분의 발을 반석 위에 세우셨을 때, 여러분의 입에서 새 노래, 즉 진정 영원한 찬양이 흘러 나왔다. 그때 여러분을 그렇게 해방시킨 것은 하나님의 크신 은혜라는 것을 알게 되었다.

우리는 바다 밑바닥이 어떤 모습일지 상상할 수 있다. 그리고 해초가 죽은 이들의 얼굴을 두르고 있는 심해 가장 깊은 곳까지 끌려 내려가는 것이 어떤 것인지를 상상할 수 있다. 그렇지만 우리의 상상력은 풍랑이 요나를 에워싸고 그가 바다 밑바닥으로 가라앉았을 때 무엇을 경험했는지 충분하게 깨닫지 못한다. 주님이 그의 인생을 타락에서 건져내셨을 때, 그는 그러한 죽음에서 건져냄을 받았다는 것을 알았기 때문에 하나님의 크신 은혜를 강하고 생생하게 기억하게 되었다.

우리가 "여호와의 인자하심(goodness)과 인생에게 행하신 기적으로 말미암아 그를 찬송"(시 107:8)하는 것을 배우는 것은 폭풍 가운데 있을 때이다. 만일 내가 그런 경험을 한다면, 나는 분명 미풍이 행복한 꽃들을 살랑거리게 하지 않을 맑은 여름의 저녁처럼 내 인생 전체가 평온하기를 바랄 것이다. 나는 어떤 것도 다시는 평화로운 내 영의 평온을 방해하지 않기를 바랄 것이다. 그러나 만일 그랬다면, 내가 주님의 크신 은혜를 조금이나마 알았을지 의문이 간다. 감미로운 노래를 부르는 시편 107편의 시인은 집에 편히 거하는 자들에 대한 감사의 노래가 아니라 광야를 걸어가던 자들에 대한 감사의 노래를 묘사했다. 항상 자유로운 사람들이 아니라 해방된 포로들에 대한 노래를 묘사했다. 강하고 활력이 넘치는 사람들이 아니라 죽음의 문턱에서 거의 도망칠 수 없는 사람들에 대한 노래를 묘사했다. 거울처럼 잔잔한 바다 위에 서 있는 사람들이 아니라 맹위를 떨치는 대양 위에서 몸이 흔들리는 사람들에 대한 노래를 묘사했다.

만일 우리가 하나님의 크신 은혜가 우리를 건져내는 곳인 무시무시한 지옥의 나락을 보지 못한다면, 우리는 그 은혜를 이해하지 못할 것이다. 사랑하는 신우 여러분들이여, 여러분의 사업은 거의 파산 당했지만 간신히 벗어났다. 그 때 여러분은 그분의 크신 은혜로 인해 하나님을 찬양했다. 의사들은 여러분의 사랑스런 아이를 포기하고, 여러분의 아내는 분명 아파서 죽을 지경이 되었지만, 그들 모두 목숨을 건졌다. 그 때 여러분은 하나님의 자비의 높이와 깊이를 보게 된다. 그러므로 이제 그 크신 은혜를 여러분의 기억 속에 간직해 두었다가 장래의 찬양시를 위한 소재로 삼도록 하라.

물론, 그것이 하나님의 크신 은혜를 평가하는 유일한 방법은 아니다. 여러분은 자신들이 받은 실제적인 큰 이익을 근거로 하나님의 크신 은혜를 평가해도 좋을 것이다. 하나님은 왕 같이 (넉넉히) 주신다. 아니, 하나님은 오직 자신만이 주실 수 있는 정도로 주신다. 보라. 여러분의 하나님은 여러분에게 금을 주조해서 만든 약간의 금전을 주신 것이 아니라 광산 자체를 주셨다. 이를테면, 하나님은 여러분에게 차가운 물 한잔을 주지 않으시고, 여러분을 흐르는 수원으로 데리고 가서 우물 자체를 주셨다. 하나님 자신이 우리의 하나님이 되신다. "내 심령에 이르기를 여호와는 나의 기업이시니"(애 3:24).

만일 여러분이 하나님께서 여러분에게 주신 것들에 대한 작은 목록을 가지고 있어야 한다면, 다음의 것들을 곰곰 생각하라. 하나님은 여러분에게 이름을 주셨고 그분의 백성들 가운데 한 자리를 주셨다. 하나님은 여러분에게 그분의 자녀의 권리와 성품을 주셨다. 하나님은 여러분의 모든 죄를 완전하게 용서해 주셨다. 그래서 여러분에게는 지금 용서가 있다. 하나님은 여러분에게 지금 입고 있는 의의 옷을 주셨다. 그분은 여러분에게 그리스도 예수 안에 있는 최고의 사랑을 주셨다. 하나님은 여러분이 은혜의 보좌에 있는 자신에게 나아올 수 있도록 해 주셨고 또한 영접해주셨다. 하나님은 여러분에게 이 세상과 장차 올 세상을 주셨으며, 자신이 가지고 있는 모든 것을 주셨다. 그분은 여러분에게 자신의 아들을 주셨는데, 그렇다면 어찌 여러분에게 구하는 모든 것을 주지 않으시겠는가? 아! 하나님은 그분 자신만이 주실 수 있는 대로 주셨다.

이 세상의 말로는 결코 하나님의 크신 은혜를 다 형용할 수 없다. 나는 내가 내 주님을 아는 그대로 이야기할 것이다. 옛 속담이 그렇게 하라고 하기 때문이다. 여러분이 뭐라 하든, 내게는 어린 시절부터 지금까지 나의 하나님, 나의 왕에 관해 좋은 것 외에는 말할 것이 아무 것도 없다. 하나님은 자신의 자비로 나를 놀라게 하신다. 자신의 애정 어린 다정함으로 나를 완전히 놀라게 하신다. 자신의 달콤한 사랑의 기쁨으로 내 영을 황홀하게 하신다.

그렇지만 하나님은 내게 매를 아끼지 않으셨고 앞으로도 아끼지 않으실 것이다. 그것을 인해서도 그분의 이름이 송축 받으시기를 바란다. 욥은 "우리가 하나님께 복을 받았은즉 화도 받지 아니하겠느냐"(욥 2:10)라고 말했다. 그러나 우리는 그것을 넘어서 화가 하나님의 손에서 올 때 그것은 화가 아니라고 주장할 것이다. 하나님이 정하시는 모든 것이 선하다. 당장은 그것을 이해하지 못할지도 모른다. 그러나 진정 그것은 사실이다. 우리의 하늘 아버지는 좋은 것에서 더 좋은 것이, 그리고 더 좋은 것에서 아직 이루어지지 않았지만 한없이 진행 중인 그래서 머지않아 이루어질 훨씬 더 좋은 것이 생기게 하시는 것 같다. 하나님은 우리 인생의 도로들을 점점 더 높이 올라가게 하셔서 그것들이 우뚝 솟은 애정 어린 다정함의 산 위에까지 이르게 하신다. 우리의 길은 언제나 변함없이 위를 향해 굽이쳐 올라가 머지 않아 풍부한 자비의 최정상에 이르게 된다. 그러므로 하나님을 더 한층 찬양하라. 그리고 광대하신 주님의 이름을 더욱 광대하게 하라.

친애하는 신우 여러분들이여, 나는 여러분의 영혼의 선을 위해 하나님의 은혜를 주의 깊게 관찰하라고 간청하고 싶다. 관찰할 수 있는 눈과 그렇지 못한 눈 사이에는 커다란 차이가 있다.

그럼에도 많은 사람들이 관찰할 수 있는 눈을 가지고 있으면서도 보지 못한다. 하나님의 은혜가 강같이 그들 앞에 흐르지만, 그들은 "그것이 어디 있나요?"라고 말한다. 그들은 그것을 호흡하면서도 "그것이 어디에 있나요?"라고 묻는다. 그들은 식탁에 앉아 그것을 먹고산다. 그들은 자신들의 팔 다리에 그것을 걸치고 있다. 그것이 바로 자신들의 심장의 박동 안에 있는데도, 그들은 "그것이 어디에 있나요?"라고 의아해 한다. 부디 깨닫기를 바란다. "소는 그 임자를 알고 나귀는 그 주인의 구유를" 안다(사 1:3). 우리는 들의 짐승들보다 더 느리지 않도록 하자. 그리고 주님을 알고 그분의 크신 은혜를 곰곰 생각하도록 하자.

그 본문은 위대한 찬양의 원리를 포함하고 있으며, 우리는 그것을 그 과정의 두 번째 단계, 즉 부지런히 기념하는 것에서 보게 된다고 나는 말했다. 관찰을 통해 마음에 영향을 준 것은 기억에 분명하게 남는다. 기억은 두 가지로 이루어지는 것 같다. 첫째는 인상을 간직하는 것이고, 둘째는 장래에 그것을 회상하는 것이다. 대체로, 우리에게 일어나는 모든 것은 마음 속에 간직되지만, 여러분이 그것을 재생하고 싶을 때 어렴풋이 간직된 인상일수록 재생하기가 쉽지 않다고 말할 수 있다. 내게는 마음 속에 아주 확실하게 기억하고 있다고 확신하는 것들이 많이 있다. 그렇다고 해서 내가 항상 그것들을 즉각적으로 회상할 수 있는 것은 아니다. 어떤 개념들의 배열을 쭉 훑어볼 수 있도록 나에게 15분만 주어진다면, 나는 이렇게 말할 수 있다. "오, 그래요. 내가 그것을 가지고 있어요. 그것이 내 마음에 있었지만,

순간적으로 생각해내지 못했어요." 기억은 사실들을 모은다. 그런 다음 그것들을 생각해낸다. 우리 앞에 있는 일들은 기억에 의해 기록된다. 그러나 그 기억의 판을 둔 곳을 잊어버릴지도 모른다. 기억의 극치는 여러분이 언제든지 그 판을 가져올 수 있도록 분명히 알고 있는 곳에 그것을 보관하는 것이다.

나는 여러분이 아주 처음부터 올바르게 시작하기를 바라면서 관찰에 관해 상세히 설명했다. 생생한 인상을 받게 될 때, 여러분은 그것들을 기억에 간직했다가 더 잘 회상할 수 있게 될 것이다. 우리는 우리가 잊은 것을 말할 수 없다. 따라서 우리가 주님의 크신 은혜를 뚜렷하게 기억하려면 면밀하게 관찰할 필요가 있다.

어떻게 하면 우리는 하나님의 은혜에 관한 우리의 기억을 강화할 수 있을까? 첫째, 우리는 하나님의 은혜가 기록되어 있는 문서인 성경을 잘 알고 있어야 한다. 우리는 우리 시대가 아닌, 우리가 태어나기 오래 전에 일어난 어떤 사실을 기억하고 있으라는 말을 듣곤 한다. 우리는 그것을 기억한다. 왜냐하면 그 사실이 기록되어 있는 문서를 보았기 때문이다. 어떤 의미에서, 이것은 기억의 범위 안에 있다. 그것은 인간의 기억-인류의 공동 기억(united memory of the race)-안에 있다. 왜냐하면 그것은 기록되어 있어서 가져올 수 있기 때문이다. 사랑하는 여러분이여, 하나님의 말씀에 정통하라. 하나님의 크신 은혜를 기록하고 있는 옛 기록문서로 여러분의 기억을 채워라. 복음전도자들의 이야기 전체를 음미하라. 그리고 모세와 선지자들을 멸시하지 말라. 풍부하게 기록되어 있는 주님의 은혜를 알게 될 때까지, 시편과 아가서 그리고 그와 같은 성경의 다른 책들에 잠겨라. 은혜에 대한 주님의 말씀과 행위를 정리하여 언제든지 사용할 수 있게 준비해 둬라. 이를테면, 그것들을 바로 여러분의 손끝에 있게 하라. 왜냐하면 그것들은 이미 여러분 마음의 중심에 있기 때문이다. 그러면 여러분은 분명 그분의 은혜를 기념하여 풍성하게 말하게 될 것이다. 왜냐하면 우리는 "마음에 가득한 것을 입으로 말"하기 때문이다(마 12:34).

다음으로, 만일 여러분이 여러분의 기억을 강화하고자 한다면, 기념할만한 것들을 부지런히 지켜야 한다. 기독교 교회에는 두 가지가 있다. 하나는, 우리가 그리스도 우리 주님과 함께 장사되었다가 다시 살게 되는 예식인 세례를 받을 때 설명을 듣게 되는 것으로서, 여러분의 구주 예수님의 죽음, 장사지냄, 그리고 부활을 기념하는 것이다. 예수님이 슬픔에 잠기고 고통 가운데 계실 때, 그분이 겪은 깊은 고뇌를 잊지 말고 기념해야 한다. 왜냐하면 그분이 그것을 지키라고 명하셨기 때문이다. 성찬을 소홀히 하지 말고 성찬에 참여하라. 그리고 그 점에서 그분이 오실 때까지 그분의 죽음을 기념하라. 예수님은 여러분에게 자신을 기념하여 그것을 행하라고 명하셨다. 기념할만한 귀한 것을 경건하게 마음에 품어라. 국가의 큰 사건들은 몇몇 정해진 의식들에 의해 미래 세대들의 기억 속에 보전되어 왔다. 성찬도 마찬가지이다. 그러므로 여러분이 주님의 크신 은혜를 잊지 않도록 주님의 성찬을 잘 지켜라. 유대인들이 유월절 어린양에 의해 어떻게 자신들의 출애굽을 기억했는지 보라. 그들이 피를 뿌린 후에 그것을 어떻게 먹었는지 보라. 그들이 자녀들에게 어떻게 이야기했는지 보라. 그들은 하나님의 은혜를 기념하여 풍부히 말하면서 애굽으로부터의 해방에 대해 이야기했다. 그리고 우리의 본문이 우리에게 하나님의 은혜를 노래하라고 명하는 것처럼, 식사 후에 그들이 어떻게 찬송을 불렀는지 보라. 그러므로 역사 문서들과 기념의 의식들(memorial ordinances)에 경건하게 주의를 기울이면서 여러분의 기억을 강화하라.

그렇지만 여러분 자신에게 생긴 일, 즉 여러분 자신의 개인적인 경험을 기억하는 것이 가장 중요하다. 만일 여러분의 종교가 여러분에게 아무런 영향을 주지 않았다면, 나는 그것에 단 한푼도 기부하지 않을 것이다. 기도의 능력! 그것이 어떻다는 것인가? 여러분은 지금까지 한번이라도 기도의 응답을 받은 적이 있는가? 여러분은 지금까지 천사와 싸워서 이겨본 적이 있는가? 결코 그런 적이 없다면, 도대체 여러분은 기도에 관해 아는 것이 무엇인가? 여러분은 아주 정통파이지만, 만일 은혜의 교리들(the doctrines of grace)이 여러분의 영혼에 교리들의 은혜(the grace of doctrines)를 가져다주지 못했다면, 그리고 여러분이 그것들을 경험한 후 다루지 않았다면, 여러분은 그것들에 관해 무엇을 안다고 말할 수 있는가? 여러분에게는 기억할 수 있는 것이 아무 것도 없다.

아! 친애하는 여러분이여, 여러분은 진정 거듭났는가? 그렇다면 여러분은 그분의 크신 은혜를 기억할 것이다. 여러분은 진정 여러분의 죄를 깨끗이 씻음 받고 예수 그리스도 안에서 의롭

다함을 받았는가? 그렇다면 여러분은 그분의 크신 은혜를 기억할 것이다. 여러분은 마음이 새롭게 되어 죄를 미워하고 거룩하게 살고 있는가? 만일 그렇다면, 여러분은 당연히 기억할 것이다. 왜냐하면 여러분은 육정이나 혈통이 여러분에게 드러내지 못한 것을 알고 있기 때문이다. 모든 개인적인 긍휼이 여러분의 개인적인 기억에 쓰여지게 하라.

기억술을 연습하거나 기억을 강화하는 것-나는 그것을 높이 평가하지 않는다-은 일정한 방법들을 따르는 데 달려 있다는 말을 들은 적이 있다. 어떤 사람들에 따르면, 여러분은 하나의 개념을 다른 개념에 연결시키고, 하나의 날짜를 무언가 여러분이 볼 수 있는 것과 연결 지어 생각함으로써 그것을 생각해낸다. 그 방법을 이 현재의 경우에 적용하여 실천해 보라. 여러분 주변에 있는 것들로서 하나님의 은혜를 연상시키는 대상들을 통해 그 은혜를 기억하라. 예를 들면, 잠을 이룰 수 없는 밤에 여러분의 침대를 보면서 하나님의 긍휼을 생각하고, 식탁을 보면서 여러분의 매일의 필요를 채워주시는 하나님의 은혜를 기억하라. 오늘 아침 옷을 입을 때, 나는 내 옷을 보면서 내 손이 그 간단한 일조차도 할 수 없었던 때를 생각했다. 만일 우리가 읽고자 하는 마음만 있다면, 우리 주변에는 하나님이 써 놓으신 사랑의 비망록이 많이 있다. 여러분의 방에 있는 가구들을 보고 있노라면, 하나님이 행하신 은혜의 행위들이 기억날지도 모른다. 낡은 안락의자가 하나 있다. 여러분은 큰 어려움에 처해 있을 때 거기에서 하나님과 씨름하다가 은혜의 응답을 받았다. 여러분은 결코 그것을 잊을 수 없다. 여러분은 그 밖의 다른 곳에서는 거기에서 기도하는 것처럼 기도하지 못한다. 여러분은 그 특별한 의자를 사랑하게 되었다. 그 손때 많이 묻은 성경, 여러분의 특별한 성경은 지금은 상당히 닳았고, 여러분의 흔적이 많이 남아 있다. 그럼에도 불구하고 바로 그 성경에 나오는 약속들은 하늘의 별들같이 반짝 빛났고, 그래서 그 성경은 여러분의 기억이 그것을 사용하도록 도와준다.

나는 가난한 한 남자를 기억하고 있는데, 그는 내가 탁월한 찬양이라고 생각했던 것을 내게 제공해주었다. 내가 병원에 있던 그를 방문했을 때, 그는 이렇게 말했다. "여러분은 이 방을 여러분의 화제들로 가득 채운 것 같아요. 왜냐하면 모든 것이 내가 여러분에게서 들었던 것을 생각나게 하기 때문이에요. 여기에 누워 있는 동안, 나는 여러분의 이야기들과 여러분이 했던 말을 회상해요." 마찬가지로, 우리는 하나님의 긍휼의 환경들인 다양한 장소, 상황, 때 그리고 사람들을 보면서 하나님이 우리를 위해 행하신 것을 회상해야 한다. 아! 하나님의 은혜를 분명하게 기억하기 위해서다.

기억은 때때로 분류에 의해 도움을 받는다. 여러분이 딸을 가게에 보내 여러 가지 품목을 사오도록 할 때, 만일 여러분이 한 가지 품목이 다른 품목을 연상시키도록 그 목록의 순서를 배열해 주지 않는다면, 그 아이는 중요한 것을 잊어버릴지도 모른다. 조심스럽게 하나님의 은혜들을 차례차례 배열하도록 하라. 가능한 한, 그것들을 하나하나 열거하라. 그리고 나서 여러분의 기억 속에 그것들을 정리하라.

 때로는 기억력이 아주 나쁠 때 사람들은 작은 종이에 기억해야 할 중요한 것을 간단히 적어두기를 좋아한다. 나도 종종 그렇게 했고, 그런 다음 어딘가에 놓아두고는 다시는 찾지를 못했다. 실 하나를 손가락 둘레에 묶고 많은 다른 기억 장치들을 시도해보았다. 여러분이 어떻게 해서든지 하나님의 은혜를 회상하려고 노력하는 한에서, 나는 그 방법이 무엇이든 상관하지 않겠다. 꼭 하나님의 은혜를 적어 두라. 여러분은 돈을 잃어버린 날을 알고 있다. 그렇지 않은가? "예, 분명하게 기억하고 말고요." 여러분은 도시에서 생긴 불길한 금요일(Black Friday, 1869년 9월 24일에 일어난 미국 월가의 공황에서 나옴-역주)이나 검은 월요일(Black Monday, 방학 등이 끝난 직후의 등교일을 일컬음-역주)이 있는 달의 그 날을 회상하고 있다. 여러분에게는 여러분의 기억의 검정 수첩에 아주 뚜렷하게 기록되어 있는 불행한 날들이 있다. 여러분은 또한 하나님이 여러분에게 특별히 베푸신 인자의 날들을 기억하고 있는가? 여러분은 기억하고 있어야 한다. 하나님이 베푸신 은혜들을 꼼꼼히 적어두고 특기할 만한 복들을 기억해 두라. 그렇게 함으로 여러분은 장래에 "주의 크신 은혜를 기념하여 말하"게 될 것이다(시 145:7).

 풍부한 찬양을 확보하기 위한 첫 번째 두 과정은 관찰과 기억이다. 다음은 말하기이다. "그들은 말하리라." 그 말은 부글부글 끓어오르거나 거품이 인다는 개념을 포함한다. 그것은 하나님의 긍휼에 관한 거룩한 능변을 나타낸다. 우리에게는 그렇게 할 수 있는 능변가들이 많이 있지만, 그들 중 다수는 게으름뱅이들로서 사탄은 그들에게 말할 많은 것들을 찾고 있다. 비록 사람들이 우리들 앞에서 지금 그 주제에 관해 유창하게 말한다 할지라도, 그들이 얼마나 유창한가는 문제가 되지 않는다. 여러분의 입을 벌려 찬양이 흘러나오게 하라. 찬양의 강물이 되어 나오게 하라. 멀리 흘러가게 하라. 최대한 펑펑 흘러나오게 하라. "그들이 주의 크신 은혜를 기념하여 말하"리라. 기쁨에 차 말하는 사람들을 중단시키지 말라. 그들로 하여금 영원히 계속해서 말하게 하라. 그들은 과장해서 말하지 않는다. 왜냐하면 그들은 그렇게 말할 수 없기 때문이다. 여러분은 그들이 열정적이라고 말하지만, 그들은 아직 정점의 절반에도 이르지 못했다. 그들이 더 자극을 받아 훨씬 더 열렬히 말하도록 격려하라. 계속하고 또 계속하라. 그것을 쌓아 올려라. 무언가 더 크고, 더 웅장하고, 더욱 더 열정적인 것을 말하라. 여러분은 진리를 억제할 수 없다. 여러분은 여러분의 가장 유창한 능력이 말에서 실패할 수 있다는 주제에 이르렀다. 그 본문은 거룩한 능변을 요구한다. 그리고 나는 여러분이 하나님의 은혜에 대해 말하고 있다면, 여러분에게 자유롭게 그것을 실천하라고 강력히 권고하고 싶다.

"그들이 (주의 크신 은혜를) 말하"리라. 즉 그들은 계속해서 그것을 할 것이다. 그들은 온 종일 하나님의 은혜에 관해 말할 것이다.

여러분이 그들의 작은 집 안으로 걸어 들어가면, 그들은 자신들에 대한 하나님의 은혜에 대해 말하기 시작할 것이다. 여러분이 밤에 그들에게 작별을 고할 때, 여러분은 그 좋아하는 주제에 관해 계속해서 더 많이 말하는 것을 듣게 될 것이다. 십중팔구 그들은 같은 것을 되풀이하여 말하겠지만, 그것은 문제가 되지 않는다. 여러분이 아무리 되풀이한다 해도 그것은 지나칠 수 없다. 성전에서 노래하는 사람들이 계속적으로 반복해서 "그 인자하심이 영원함이로다"라고 합창을 하듯이, 우리도 우리의 찬송을 반복해도 좋을 것이다. 하나님의 긍휼 가운데 어떤 것들은 너무 크고 달콤하여, 비록 우리가 영원히 다른 것을 가지지 못한다 할지라도, 단 하나의 은총을 회상하는 것만으로도 영원히 남을 것이다. 하나님의 사랑의 광채가 너무 커서 종종 그 하나의 표현이 우리가 마음에 품을 수 있는 전부가 되기도 한다. 그와 같은 두 개의 계시들(revelations)을 동시에 가지는 것은 하나의 태양이 이미 빛으로 세상을 채우고 있을 때 마치 하나님이 두 개의 태양을 만드신 것처럼 압도적이 될 것이다. 아! 크게 기뻐하며 주님을 찬양하라. 여러분의 모든 능력을 깨워 그것을 하라. 그리고 "주의 크신 은혜를 기념하여 말하"라.

만일 여러분의 기억이 (찬양을 위한) 소재들을 제공하지 못한다면, 여러분은 풍부하게 찬양할 수 없다. 다른 한편으로, 만일 여러분이 알고 있는 것을 말하지 않는다면, 여러분의 기억은 힘을 잃고 말 것이다. 여러분이 학교에 가서 배울 것이 있었을 때, 여러분은 여러분이 배워야 할 학과를 크게 읽음으로써 그것을 더 빨리 배우게 된다는 것을 알게 되었다. 왜냐하면 여러분의 귀가 여러분의 눈을 도왔기 때문이다. 하나님의 은혜를 말하는 것은 그것을 기억하는데 큰 도움이 된다. 우리는 가르칠 때 배운다. 우리는 진리를 표현할 때 그 표현을 우리의 마음에 깊이 새기게 된다.

이제 나는 이 훌륭한 과정의 마지막 부분에 이르게 되었다. 우리가 풍부하게 말했다면, 곧이어 우리는 노래해야 한다. 고대 그리스 신화에서 기억의 여신인 므네모슈네(Mnemosyne)는 뮤즈의 신들(the Muses)의 어머니이다. 그리고 하나님의 인자에 대한 좋은 기억이 있는 곳에는 틀림없이 심장이 곧 노래를 부를 것이다. 그러나 그 구절에서 놀랄만한 것은 기쁨이 단순한 말에서 노래로 이어지는 것으로 묘사될 때, 그것은 다른 주제-"주의 의를 노래하는 것"-를 가져온다는 것이다. 마음이 최고로 좋아하고 또 경배의 노래를 위한 가장 멋진 주제를 선택할 때, 그것은 은혜와 의의 만남을 그 주제로 선택한다. 그 멜로디는 참으로 감미롭다.

> 긍휼과 진리가 함께 만나고,
> 의와 평화가
> 서로 입을 맞추었네.

속죄는 마음의 시정의 주옥이다. 예수 우리의 위대하신 대리자의 영광스런 위업을 언급할 때에 여러분의 심장은 여러분 안에서 불타지 않는가? 파르나소스(Parnassus, 그리스 중부에 있는 산-역주)는 갈보리에 의해 기진맥진하게 되었다. 그리고 카스탈리아샘(the Castalian spring, 파르나소스의 신천-역주)은 말라버렸고, 예수님의 상처 입은 옆구리는 또 하나 노래의 샘을 열었다. 우리는 주님의 섭리의 모든 축복 안에 있는 우리를 향한 그분의 은혜를 기쁘게 이야기한다. 그러나 우리가 "우리를 하나님 앞으로 인도하"시려고 우리의 주님 예수 그리스도를 "의인으로서 불의한 자를 대신하여"(벧전 3:18) 피 흘려 죽게 하신 은혜에 대해서 말할 때, 우리의 음악은 더 고귀한 고지에 이르게 된다. 비할 데 없는 지혜로 인해 하나님은 아주 철저히 의로우실 수 있었음에도 불구하고, 자신을 신뢰하는 사람들에게 은혜로우시되, 무한히 은혜로우실 수 있었다. 그러므로 황금 하프들이 지칠 때까지, 여러분의 음악 소리를 높여라. 이와같이 우리는 지금까지 풍부하게 말하는 것을 확보하는 방법을 설명했다. 성령께서 우리가 그것을 달성하도록 도우시기를 바란다.

따라서 우리는 이 풍부하게 말하는 것에 대한 동기들에 대해 매우 간단히 언급할 것이다. 그것들은 매우 가까이 있다. 첫째, 우리는 그것을 하지 않을 수 없기 때문이다. 하나님의 은혜는 우리가 그것에 대해 말해야 한다고 요구한다. 비록 주 예수님이 친히 자신의 백성에게 자신의 은혜에 관해 아무 말도 하지 말라고 명하실지라도, 그들은 분명 그 명령에 순종할 수 없을 것이다. 예수님께 고침을 받았던 사람처럼, 그들은 그분이 행하신 그 기적을 널리 알릴 것이다. 그러나 예수님이 우리에게 조용히 하라고 말씀하지 않으신 것으로 인해 그분의 이름을 송축하라. 그분은 우리로 하여금 그분의 크신 은혜를 풍부하게 기념하여 말하게 하신다. 만일 우리가 그분의 사랑에 대해 말하지 않고 나아간다면 거리의 돌들이 외칠 것이다.

여러분 가운데에는 결코 하나님의 은혜를 말하지 않는 사람들이 있다. 왜 그런가? 나로서는 여러분이 어떻게 그렇게 냉담하게 잠잠할 수 있는지 이해가 가지 않는다. 첫사랑에 빠진 어떤 사람이 이렇게 말했다. "아! 나는 고백하지 않을 수 없어요. 그렇지 않으면 내 심장이 터질 것만 같아요." 때때로 우리가 우리의 간증을 제한하여 그것이 우리의 뼈 속에서 불이 되어 타오를 때 우리가 느끼는 감정도 그와 다르지 않다. 우리가 내면에서 느끼는 것을 말하는 것은 신성한 본능이 아닌가? 그 소식은 너무 좋아서 숨겨둘 수가 없다. 새롭게 된 여러분의 본성의 거룩한 성질을 마음껏 누려라. 여러분의 영혼이 이렇게 말한다. "말하라." 비록 예법이 "조용히 좀 해, 사람들이 네가 미쳤다고 생각할거야"라고 말하더라도, 그것에 유의하지 말고 크게 말하라. 만일 그들이 여러분이 미쳤다고 생각한다면, 그렇게 생각하도록 그냥 내버려 둬라. 주제가 여러분 자신을 칭찬하는 것이라면, 오르간을 부드럽게 연주하라. 그러나 하나님을 찬양하는 것에 관한 것이라면, 할 수 있는 모든 것을 다하라. 우레 같은 음악도 이루다 셀 수 없는 하나님의 공과에 비하면 너무나 하찮다.

   하나님 찬양을 풍부하게 말해야 하는 또 하나의 동기는 그것이 들리지 않을 만큼 다른 소리들이 시끄럽다는 것이다. 이 세상은 상반하고 일치하지 않는 부르짖음이 있는 아주 시끄러운 세상이다. 어떤 사람은 "여기"라고 소리치고, 다른 사람은 "저기를 보라"고 고함친다. 만일 하나님의 백성이 계속해서 그분을 찬양하는 소리를 내지 않는다면, 그 고함 소리가 하나님을 찬양하는 소리를 삼키고 말 것이다. 사람들이 우리 하나님을 나쁘게 말하는 것들이 많을수록, 우리는 하나님을 변호하는 말을 더 많이 해야 한다.

여러분은 사람이 (하나님을) 저주하는 말을 들을 때마다 큰소리로 "주님을 송축하라"고 말하는 것이 현명할 것이다. 그가 매번 저주를 할 때마다 일곱 번씩 그렇게 말하라. 그리고 그로 하여금 그것을 듣게 하라. 아마도 그는 여러분이 무엇을 하고 있는지 알고 싶어할 것이며, 그것은 곧바로 그가 무엇을 하고 있는지 그에게 물을 수 있는 기회를 여러분에게 제공할 것이다. 그는 여러분이 말하고자 하는 바를 명확히 설명하는데 어려움을 겪는 것보다 자신이 말하고자 하는 바를 명확히 설명하는 데 더 큰 어려움을 겪을 것이다. 다른 사람들이 하나님께 대해 나쁜 말을 하는 것을 들을 때, 가능한 한 여러분이 하나님을 찬양하는 것을 여러 배로 늘려 그분의 존귀하고 거룩한 이름에 가해진 모욕을 만회하려고 노력하라. 만일 여러분이 풍부하게 말하지 않는다면, 하나님 찬양은 수많은 모독, 천한 말, 허튼 소리, 죄 그리고 쓸모 없는 대화 아래에 파묻히고 말 것이다. 하나님에 대한 찬양을 풍부하게 말하라. 그 중 조금이라도 들려질 수 있도록 말이다.

주님을 풍부하게 찬양하라. 왜냐하면 그렇게 함으로 여러분은 득을 얻게 될 것이기 때문이다. 우리가 과거의 일로 인해 하나님을 찬양하기 시작할 때 과거는 무척이나 밝아 보인다. 우리가 "고난 당한 자는 나로다"(애 3:1)라고 말할 때, 우리는 기억의 잔을 쓰라림과 고민으로 채운다. 그러나 우리가 그 모든 것에서 하나님의 은혜를 볼 때, 우리는 우리의 눈물을 닦는 손수건을 승리의 깃발로 바꾸게 된다. 그리고 거룩한 찬양과 더불어 우리는 우리 하나님의 이름으로 그분의 깃발을 흔든다.

현재와 관련하여, 만일 여러분이 하나님의 긍휼에 대해 심사숙고한다면, 그것은 매우 다른 것처럼 보인다. 어떤 남자가 식탁에 앉아 거기에 있는 것을 맛있게 먹지 못한다. 왜냐하면 그것은 자신이 기대했던 맛있는 음식이 아니었기 때문이다. 그러나 만일 그가 몇몇 사람들처럼 가난했다면, 그는 비웃지 않고 자신이 받아야 하는 것보다 훨씬 더 많은 것을 자신에게 준 은혜를 송축했을 것이다. 내가 알고 있는 사람들 중에 어떤 이들-심지어는 그리스도인들 중에서도-은 딱딱거리는 사람들인데, 일반적으로 그들은 늘 불평을 늘어놓는다. 이 세상에 있는 가장 좋은 것들도 그들에게는 만족스럽지 못하다. 아! 사랑하는 이들이여, "주의 크신 은혜를 기념하여 (풍부하게) 말하라." 그러면 여러분은 투덜거리거나 불평할 것이 아무 것도 없고, 오직 누릴 것만 있다는 것을 알게 될 것이다.

미래와 관련하여, 만일 우리가 하나님의 은혜를 기억한다면, 우리는 참으로 기쁘게 그 안으로 걸어들어 갈 것이다. 어제에 있었던 그 은혜가 내일도 있으며, 젊을 때 있었던 그 은혜가 노년에도 있다. 내가 젖먹이로 어머니의 품안에 안겨 있을 때 나를 축복하신 그 하나님이 내 머리카락이 희게 될 그 때에도 축복하신다. 그러므로 나는 주님의 인자를 풍부하게 말하면서 망설이지 않고 또는 의심하지 않고 미래를 향해 나아간다.

더욱이, 나는 그것이 다른 사람들에게 베푸는 선 때문에 우리가 그것을 해야 한다고 생각한다. 만일 여러분이 하나님의 은혜에 대해 풍부하게 말한다면, 여러분은 분명 여러분의 이웃에게 득을 준다. 많은 사람들은 하나님이 자신들의 친구들에게 베푸신 그분의 은혜에 대해 들을 때 위로를 받는다. 슬픈 표정을 하고서 인생길에서 만나는 고난들을 슬퍼해 보라. 침울한 형제들과 함께 앉아서 조금 편안한 불행(comfortable misery)을 즐겨 보라. 그런 다음 무리들이 여러분의 식초병을 나누자고 요청하는지 보라. 왓츠 박사(Dr. Watts)는 다음과 같이 말한다.

> 이 세상에서 우리가 우리의 여러 가지 필요들을 한탄하는 동안, 신음 소리들이 하나로 연합하여 높이 올라간다.

나는 그가 진리를 말하고 있다고 생각한다. 그러나 극소수의 사람들만이 다음과 같이 결심을 하게 될 것이다. "하나님이 너희와 함께 하심을 들었나니 우리가 너희와 함께 가려 하노라"(슥 8:23). 만일 사람들이 다음과 같이 말한다면 그것은 좋은 추론인가? "이 사람들은 너무 불행해서 천국으로 가는 도중에 있는 것이 틀림없다." 우리는 그들이 천국으로 가는 도중에 있기를 바랄 것이다. 왜냐하면 그들은 분명히 보다 더 살기 좋은 곳을 원하기 때문이다. 그러나 만일 그런 사람들이 하늘에서조차 불행하지 않으려면, 그 말을 따져보는 것이 좋을 것이다. 사랑하는 신우 여러분이여, 여러분은 독실한 신자인 것처럼 보이게 하려는 불행을 볼 때 큰 매력을 느끼지 못할 것이다. 그러므로 여러분 자신들은 그렇게 해보려고 하지 말라.

그보다는 오히려 주님의 은혜에 대해 더 많이 말하라. 웃는 얼굴을 하라. 여러분의 눈을 반짝이게 하라. 그리고 결국에는 여러분이 채찍질을 당하는 노예들이나 속박을 당하고 있는 죄수들처럼 세상을 경험하는 것이 아니라 주님의 자유인들답게 세상을 경험하라. 우리에게는 행복해야 할 멋진 이유가 있다. 그렇게 되게 하자. 그러면 머지 않아 사람들이 우리에게 이렇게 물어올 것이다. "이것이 어찌된 일이오? 이것이 신앙생활인가요? 나는 종교인들은 의기소침하여 늘 슬퍼하고 한숨이나 쉬러 갈 운명이라고 느끼는 것 같다는 생각을 해 왔지요." 그들은 여러분의 기쁨을 볼 때 그리스도께 나아오고 싶은 마음이 생길 것이다. 거룩하고 행복한 삶에는 복된 매력이 있다. 주님의 이름을 영원히 찬양하라. "주의 크신 은혜를 기념하여 (풍부하게) 말하라." 그러면 여러분은 많은 사람들을 그리스도께 인도하게 될 것이다.

그와 같은 행복한 말씨는 또한 여러분의 그리스도인 친구들과 고통을 받는 동료들을 위로하는데 도움이 될 것이다. 세상에는 불행이 많이 있다. 예전보다 지금이 더 많다. 많은 사람들이 여러 가지 원인으로 슬픔을 당하고 있다. 그러므로 나의 사랑하는 신우 여러분이여, 예전보다 더 행복해져라. 그 약한 하나님의 사람, 지금은 하늘나라에 있는 우리의 옛 친구 드랜스필드(Dransfield)는 언제나 설교를 하기 전에 예배실로 들어오곤 했는데, 안개가 짙게 낀 11월의 어느 아침에는 이렇게 말했다. "경애하는 목사님, 쓸쓸한 아침이군요. 우리는 여느 때보다 더 주님을 기뻐해야 합니다. 우리 주변 상황들은 어둡지만, 마음은 무엇보다도 밝아요. 우리 모두 오늘 매우 행복한 예배를 드렸으면 좋겠군요." 그는 나와 함께 악수를 하고 웃곤 했는데, 그가 우리 모두를 한 여름으로 데려가는 것처럼 느껴졌다. 날씨가 조금 나쁘면 어떤가? 그보다 더 나쁘지 않은 것으로 인해 주님을 송축하라. 우리는 전혀 애굽의 암흑 속에 있지 않다. 때때로 태양은 빛나며, 그것은 분명 꺼지지 않는다. 그러므로 우리가 병들어 아플 때, 영원히 아프지 않을 것으로 인해 하나님께 감사하자. 왜냐하면 하나님의 사람들에게는 결코 아프지 않을 곳이 있기 때문이다. 오늘 여러분의 수금이 버드나무에 걸려 있다면, 그것을 내려라. 주님을 찬양해야 하는데도 찬양하지 않았다면, 지금 찬양을 시작하라. 여러분의 입을 깨끗이 씻어 장사가 잘 안 된다느니, 날씨가 나쁘다느니 하는 불평의 신맛을 제거해버려라.

즐거운 찬양의 단맛으로 여러분의 입술을 달콤하게 하라. 만일 어떤 사람이 자신은 너무나 오랫동안 하나님을 송축하지 않는 죄를 지었다고 고백한다면, 나는 딱 한번 사제가 되어 그에게 죄의 사함(absolution-로마카톨릭교회에서 신도가 고해성사 후 사제가 죄의 사함을 선언하는 것을 의미함-역주)을 베풀 것이다. 전에는 결코 내 손을 사용하여 그 일을 하려고 시도해 본 적이 없지만, 그 정도는 상상할 수 있다고 생각한다. 여러분이 할 수 있는 한, 마음껏 하나님을 찬양하라. 한번 해 보라. 여러분 자신에게 이렇게 말하라. "나는 한없이 그렇게 하리라." 왜냐하면 언제나 변함없이 축복하시는 하나님이 받으실 만한 것에는 한도가 없기 때문이다.

마지막으로, 하나님을 찬양하고 송축하자. 그것이 바로 하나님이 영광을 받으시는 방법이기 때문이다. 우리는 그분의 영광을 증대시킬 수 없다. 그분의 영광은 그 자체로 무한하기 때문이다. 그러나 우리는 하나님에 관한 진리를 명료하게 말함으로 더 크게 알릴 수 있다. 여러분은 하나님께 영광을 돌리고 싶지 않은가? 온 땅이 하나님의 영광으로 충만하도록 여러분은 자신의 목숨을 희생하지 않겠는가? 비록 여러분이 물이 바다를 덮음 같이 하나님 찬양으로 온 땅을 덮을 수 없을지라도, 여러분은 최소한 그것에 대한 여러분의 몫을 감당할 수는 있다.

여러분의 찬송을 억제하지 말고, "해 돋는 데에서부터 해 지는 데에까지"(시 113:3) 하나님의 이름을 송축하고 찬송하라. 만일 우리 모두가 찬양으로 하나가 되면, 온 땅을 위를 향해 그리고 하늘을 향해 들어올리게 될 것이다. 말하자면, 우리가 창공을 꿰뚫은 아주 높은 산봉우리의 맨 꼭대기에 설 때까지, 우리는 그것이 우리 발 밑에서 올라오는 것과 우리 자신들이 그것과 함께 올라가는 것을 보게 될 것이다. 우리는 천사들 중에 있으면서 그들이 느끼는 대로 느끼고, 그들이 하는 대로 하며, 그들이 "보좌에 앉으신 이와 어린 양에게 찬송과 존귀와 영광과 권능을 세세토록 돌릴지어다"(계 5:13)라는 영원한 할렐루야의 외침소리에 열중하는 것처럼 열중하게 될 것이다.

2장 | 더욱더욱

> 나는 항상 소망을 품고
> 주를 더욱더욱 찬송하리이다.
> (시 71:14)

죄가 인간성의 영역을 공략했을 때 희망의 시인들을 제외한 모든 시인들을 압도했다. 그 모든 슬픔과 죄 가운데서 희망은 계속해서 인간에게 노래한다. 예수님을 믿는 사람들에게는 시인들의 낭낭한 행보가 여전히 남아 있다. 왜냐하면 우리에게는 영광의 희망, 밝은 희망, 영원한 하나님의 희망이 있기 때문이다. 우리의 희망이 남아 있기 때문에 우리의 찬양은 계속된다. "나는 항상 소망을 품고 주를 찬송하리이다." 우리의 희망은 더욱 밝아지고 매일 그것의 성취를 향해 점점 더 나아가기 때문에, 우리의 찬양의 분량도 증가한다. "나는 항상 소망을 품고 주를 더욱더욱 찬송하리이다."

희망이 사라지면 노래도 줄어들게 될 것이다. 기대하는 마음이 점점 없어지듯이, 음악도 점점 열의가 없어지게 될 것이다.

그러나 매일 더 강한 빛으로 밝게 빛나는 부단하고 영원한 희망은 새로운 힘이 계속해서 솟아오를수록 언제나 그것을 모으는 찬송의 소리를 내게 한다. 여러분의 믿음과 여러분의 희망을 잘 돌봐라. 왜냐하면 만일 그렇지 않으면, 하나님이 찬송을 빼앗기게 되기 때문이다. 그것은 비례적일 것이다. 즉 여러분이 하나님께서 여러분의 믿음에 약속하신 좋은 것들을 기대할수록, 여러분은 하나님이 예수 그리스도를 통해 받으실만하고 여러분이 마땅히 풍성하게 드려야 하는 하나님의 최고의 소득인 찬송을 그분께 드리게 될 것이다.

다윗은 찬송하는 일에 태만하지 않았다. 실로 그는 이스라엘의 감미로운 목소리를 지닌 가수였고 주님을 찬양하는 실제 찬양대 지휘자였다. 그럼에도 불구하고 그는 더욱더욱 주님을 찬송하겠다고 맹세했다. 이미 많은 일을 하는 사람들은 대개 더 많은 일을 할 수 있는 사람들이다. 다윗은 나이가 든 상태였다. 다윗은 그가 젊고 강건할 때 하나님을 찬송했던 것보다 노쇠할 때 더 찬송했을까? 비록 그가 소리의 크기로는 능가할 수 없었을지라도, 마음의 열망으로는 능가했을 것이다. 그의 찬송의 소리는 부족했을지 모르지만 열망은 장엄했을 것이다. 그 또한 어려움을 겪었지만, 하나님을 경배하는 노래는 자신의 번영이 절정에 이르렀을 때보다도 자신의 역경의 어두운 때가 더 나았을 것이다. 어떤 경우에도 그는 결코 찬송을 멈출 수 없었다.

다윗은 그가 청년으로 아버지의 양떼를 지킬 때 주님을 경배했다. 그는 가지들이 죽 뻗어 가는 나무 아래에서 손에 하프를 잡고 자신의 안위이자 기쁨이셨던 목자이신 주님을 예배했다. 다윗은 도망자 신세가 되었을 때 여호와의 이름이 울려 퍼지는 바위로 된 아둘람 요새와 엔게디 요새를 만들었다. 후에 그는 이스라엘왕이 되엇을 때 더 많은 시를 지었고, 그의 하프 줄은 자신을 구원하신 구원의 하나님을 찬양하는 것이 일과가 되어 있었다.

그 열정적인 시인은 어떻게 하여 찬양하는 삶에서 진보를 이룰 수 있었을까? 그가 힘을 다해 주님의 법궤 앞에서 춤추는 것을 보라. 기쁨과 열정을 나타내는데 그보다 더한 것이 또 있을까? 그럼에도 그는 "나는 주를 더욱더욱 찬송하리이다"라고 말했다. 그는 근래 더욱 어려움을 당했고 또한 쇠약해졌다. 게다가, 그 모든 것에 대해 불평하는 마음이 생겼다. 그러나 그는 더 좋은 곳에서 계속해서 영원히 찬송할 때까지, 더욱 더 큰 소리로 찬송하겠노라고 결심했다.

사랑하는 여러분이여, 나는 성령께서 내 말로 여러분을 격려하시기를 기도한다. 우리의 주제는 우리가 하나님을 더욱더욱 찬송하는 것이다. 나는 여러분에게 제발 하나님을 찬송하라고 간청할 생각은 없고 대신에 여러분이 그렇게 하고 있다고 당연하게 생각할 것이다. 비록 많은 사람들의 경우에는 그렇게 생각하는 것이 큰 잘못은 아닐까 염려가 되기는 하지만 말이다. 하나님을 전혀 찬송하지 않는 사람들에게 그분을 더욱더욱 찬송하라고 강제할 수 없다. 나는 지금 하나님을 찬송하는 것을 좋아하는 사람들을 향해서 말하고 있다. 나는 다윗과 함께 여러분에게 "나는 주를 더욱더욱 찬송하리이다"(시 71:14)라고 결심하기를 촉구한다.

우리가 해야 할 첫 번째 일은 분명 우리 자신에게 이 결심을 하라고 촉구하는 것이다. 우리는 왜 하나님을 더욱더욱 찬송해야 하는가? 나를 에워싸 압도할 만큼 그것에 대한 주장들이 아주 많이 있다. 그것들이 너무 많아 차례차례 셀 수 조차 없다. 그래서 그것들을 마구잡이로 잡을 수 밖에 없다.

우리가 하나님을 찬송했던 것보다 더 잘 찬송할 수 있다는 것을 기억하면 우리는 겸손해진다. 왜냐하면 우리는 지금까지 하나님을 거의 찬송하지 않았기 때문이다. 신자들로서 우리가 하나님을 영화롭게 하기 위해 한 것들은 하나님이 마땅히 받으셔야 할 것에 훨씬 못 미친다. 개인적으로 곰곰 생각해 보라. 그러면 우리 모두는 이것을 인정하지 않을 수 없게 된다. 내 친애하는 신우 여러분이여, 주님이 여러분을 위해 행하신 일을 생각해 보라. 여러 해 전에 여러분은 죄와 죽음과 파멸 가운데 있었지만, 그분은 자신의 은혜로 여러분을 부르셨다. 여러분은 죄의 짐과 저주 아래 있었다. 그러나 주님은 여러분을 자유롭게 하셨다. 여러분은 맨 처음 용서의 기쁨을 얻었을 때 주님을 위해 더 많은 것을 하고 그분을 더 많이 사랑하며 그분을 더 잘 섬기리라고 생각하지 않았던가? 여러분이 받은 복에 대해 보답해야 할 것들은 무엇인가? 그것들은 진정 적절하거나 충분한가? 나는 귀하고 또 수확하기에 잘 익은 알곡으로 가득한 들판을 바라본다. 나는 농부가 아주 많은 소작료를 냈고, 쟁기로 땅을 일구어

비옥하게 하느라 많은 돈을 썼고, 씨를 사느라 많은 돈을 썼으며, 꼭 해야 하는 잡초 제거를 위해 훨씬 더 많은 돈을 썼다는 것을 듣는다. 수확할 때가 있는데, 그 때 수익을 내게 된다. 농부는 만족하게 된다.

나는 다른 들판을 본다. 그것은 나 자신의 마음이다. 여러분의 마음도 마찬가지이다. 농부이신 하나님이 그것을 위해 무엇을 하셨는가? 하나님은 전능하신 능력으로 황무지에서 그것을 개간하셨다. 그분은 거기에다 울타리를 치시고, 그것을 갈고 가시들을 잘라버리셨다. 그런 다음 그곳에 물을 주셨는데, 그 밖의 다른 들판이 공급받지 못한 많은 양의 물이었다. 왜냐하면 그리스도의 피땀이 고대의 저주를 제거하기 위하여 그것을 적셨기 때문이다. 이 황무지가 동산이 될 수 있도록 하나님의 아들이 자신의 모든 것을 주셨다. 행하신 것들을 하나하나 열거하기란 어렵다. 더 많은 것을 행하실 수도 있었을 텐데 라고 아무도 말할 수 없다. 게다가, 수확한 것이 무엇인가? 그것은 당신이 했던 수고에 상응하는가? 농작물은 수지가 맞는가? 이 물음들을 듣고 얼굴을 가리거나 얼굴이 빨개진다면, 그것은 그렇지 못하다는 것을 인정하는 표시일 것이다. 그렇지 않기를 바란다. 여기저기에 말라죽어 있는 이삭은 무한한 사랑의 경작에 대해 불충분하게 답례하는 것이다. 그러므로 우리 자신을 부끄럽게 여김으로 확실하게 결심하고 단호한 마음으로 다음과 같이 말하자. "이전에는 대단히 느린 사람이었지만, 이제 나는 하여튼 한없는 은혜의 도움을 충분히 힘입어 속도를 빠르게 할 것이다.

'나는 주를 더욱더욱 찬송하리이다'(시 71:14)."

내 마음을 강제하는 또 하나의 주장은 이것이다. 우리가 지금까지 하나님을 찬양했을 때, 우리가 깨달은 것은 예배는 우리에게 지루한 것이 아니라 지금까지 우리에게 이익이었고 기쁨이었다는 것이다. 나는 하나님에 대해 그릇되게 말하지 않을 것이다. 내가 지금까지 보내온 가장 행복한 순간들은 하나님을 예배하는 것에 전념했던 때라고 나는 간증한다. 내가 영원한 보좌 앞에서 경배할 때처럼 천국 가까이 있었던 적은 결코 없다. 모든 그리스도인들도 그렇게 말할 것이다. 이 땅의 모든 기쁨-그리고 나는 그것들을 경시하지 않을 것이다-가운데 찬송의 기쁨과 비교할 만한 것은 없다. 가정의 천진난만한 웃음, 가족의 사랑의 순수한 행복, 이것들조차도 지존하신 하나님께 가까이 가는 기쁨인 예배의 기쁨과 나란히 언급할 수 없다. 기껏해야 땅은 물을 낼뿐이지만, 이 신령한 일은 가나 혼인 잔치의 포도주와 같다.

가장 순수하고 가장 기분 들뜨게 하는 기쁨은 하나님을 영화롭게 하는 기쁨이며, 우리가 그분을 영원히 즐거워할 때를 기대하는 기쁨이다. 그러므로 만일 하나님을 찬송하는 것이 여러분에게 황야가 아니었다면, 열의와 열정을 가지고 그것으로 돌아가서 "나는 주를 더욱더욱 찬송하리이다"(시 71:14)라고 말하라. 만일 어떤 사람들이 여러분은 주님을 섬기는 것에 싫증을 내게 될 것이라고 생각한다면, 주님의 찬송은 자유와 원기회복과 큰 행복이라서 여러분은 절대로 그것을 멈추고 싶지 않다고 말하라. 나에 관한 한, 비록 사람들이 하나님을 섬기는 것을 노예들이나 하는 고역이라 부를지라도, 나는 영원히 노예가 되기를 바라며 내 주님의 이름으로 지울 수 없는 낙인을 찍히기를 바란다. 나는 내 귀를 내 주님의 집의 문설주로 가져가서 더 이상 밖으로 나가지 않게 할 것이다. 나의 영혼은 다음과 같이 즐겁게 노래한다.

> 주님, 주님의 은혜로 족쇄같이
> 내 방황하는 마음을 주님께 묶어 주옵소서.

더욱더욱 하나님의 영광에 종속되는 것이 나의 간절한 소망이다. 그리스도를 위하여 비천하게 되는 것이 내게 유익이다. 나의 주님, 제 인생에서 주님을 찬송하는 것이 가장 소중한 것입니다.

세 번째 이유가 즉각 마음에 떠오른다. 의심할 바 없이, 우리는 이전보다 오늘날 더욱 하나님을 찬송해야 한다. 왜냐하면 우리는 더 많은 자비를 받았기 때문이다. 우리는 현세의 은총도 많이 받았다. 그것들과 함께 시작하라. 그런 다음 더 높여라. 여러분 중에는 아마도 자신들에게 아낌없이 주신 현세의 많은 자비들을 충분히 되새기는 사람들도 있을 것이다. 여러분은 오늘날 야곱이 "내가 내 지팡이만 가지고 이 요단을 건넜더니 지금은 두 떼나 이루었나이다"(창 32:10)라고 말했을 때의 그와 비슷한 형편에 있다. 여러분이 처음에 힘든 일에 종사하기 위해 아버지의 집을 떠났을 때, 돈은 충분하지 않았고 성공할 가망성도 적었다. 그러나 지금 여러분의 현세의 상황과 지위는 어떤가? 하나님은 여러분 가운데 몇 사람에게 참으로 크신 은혜를 베푸셨다! 요셉은 지하 감옥에서 높은 자리로 올라갔고, 다윗은 양우리에서 궁궐로 올라갔다. 여러분이 예전에 어떤 신분이었는지를 회상하고, 주님께서 마땅히 받으셔야 할 것을 그분께 드려라. "(여호와께서는) 가난한 자를 진토에서 일으키시며…귀족들과 함께 앉게 하시며"(삼상 2:8). 여러분은 무명한 사람들이었고 하찮은 존재들이었다. 그러나 지금은 하나님의 자비로 인해 탁월하며 존중을 받는 자리에 앉게 되었다. 그것은 아무 것도 아닌 일인가? 여러분은 하나님이 아낌없이 주시는 것을 얕보는가? 여러분은 그것으로 인해 주님을 더욱더욱 찬송해야 하지 않겠는가? 의심할 바 없이, 여러분은 당연히 그렇게 해야 하고 그렇게 하지 않을 수 없다. 배은망덕이 있는 곳은 어디든지, 그것을 꾸짖는 저주의 말을 느끼자.

필시 하나님의 섭리는 정확히 그런 식으로 여러분을 다루지 않았다. 오히려 그것은 동일한 은혜와 지혜와 더불어 다른 형태로 여러분에게 나타났다. 여러분은 계속해서 여러분이 처음 일을 시작했던 분야에서 있었지만, 여러분의 일에 종사할 수 있는 능력을 받아왔고 계속해서 건강과 힘을 유지할 수 있었으며 음식과 옷을 공급받았다. 무엇보다도 여러분은 만족한 마음과 반짝이는 눈을 받았다.

친애하는 신우 여러분, 여러분은 감사하고 있는가? 여러분은 여러분의 하늘 아버지를 더욱더욱 찬송하지 않겠는가?

우리는 현세의 은혜들을 지나치게 강조한 나머지 세속적이 되지 않아야 하지만, 행여 우리가 그것들을 삼가서 말함으로 배은망덕하게 되지나 않을까 염려된다. 우리가 그것들을 너무 낮게 평가한 나머지 우리가 하나님께 입고 있는 은혜의 빚에 대한 우리의 인식을 경시하지 않도록 주의해야 한다.

때때로 우리는 하나님으로부터 받은 큰 은혜들을 이야기해야 한다. 자, 잠시 여러분에게 한 가지 질문을 하려고 한다. 여러분은 여러분이 받은 큰 은혜들을 차례로 셀 수 있는가? 나는 내가 받은 큰 은혜들을 차례로 셀 수 없다. 필시 여러분은 하나하나 열거하는 것이 쉽다고 생각할지도 모른다. 나는 그것이 끝이 없다는 것을 알고 있다. 요전에 나는 침대에서 한 방향에서 다른 방향으로 몸을 돌릴 수 있다는 것이 얼마나 큰 은혜인지를 생각하고 있었다. 아마도 여러분 중에는 웃는 사람이 있을지도 모른다. 그러나 나는 내가 아무런 수고도 하지 않고 침대에서 뒹굴 수 있다는 것을 깨닫고는 기뻐서 박수를 친다고 말할 때, 내 말은 조금도 과장이 아니다. 지금 당장, 똑바로 설 수 있다는 것이 내게는 대단히 큰 은혜이다. 우리 자녀들이 우리 주변에 있고 건강이 매우 좋은 것과 같은 스무 가지나 마흔 가지 정도의 큰 은혜들만 있다고 우리는 부주의하게 생각한다. 그러나 여러 번 생각해 보면, 많은 사소한 것들도 하나님의 사랑의 큰 선물들이라는 것과, 그것들이 회수되면 큰 불행이 따른다는 것을 깨닫게 된다. 그러므로 여러분이 우물에서 물을 길어 올릴 때 노래하

라. 물이 가득한 그릇이 흘러 넘칠 때 주님을 더욱 더더욱 찬송하라.

하물며 우리의 영적 은혜들에 대해 생각할 때, 우리는 하나님을 더욱더욱 찬송해야 하지 않을까? 우리는 진정 이 더 높은 유형의 은혜들을 받았다! 10년 전, 여러분은 심지어 그때 누렸던 언약의 은혜들로 인해서도 하나님을 찬송하지 않으면 안되었다. 지금은 얼마나 더 많은 은혜를 받았는가? 어둠 속에 있을 때 얼마나 많은 위로를 받았는가? 얼마나 많은 기도의 응답을 받았는가? 궁지에 빠져 있을 때 얼마나 많은 인도를 받았는가? 얼마나 많은 교제의 기쁨을 맛보았는가? 예배를 드릴 때 얼마나 많은 도움을 받았는가? 갈등을 겪을 때 얼마나 많은 성공을 거두었는가? 무한한 사랑을 얼마나 많이 보여주셨는가? 양자가 되는 은혜뿐만 아니라 상속자가 되는 모든 축복도 받았다. 의롭다고 인정을 받는 것뿐만 아니라 영접의 모든 보증도 받았으며, 회심뿐만 아니라 내주하심의 모든 능력을 받았다.

요셉이 베냐민의 자루에 은잔을 넣기 전까지 거기에 그것이 없었던 것처럼, 자비의 주님이 영적 양식을 주시기 전까지 여러분 안에 그것이 없었다는 것을 기억하라. 그러므로 주님을 찬송하라. 여러분의 노래 소리가 점점 더 커지게 하라. 높은 소리 나는 제금으로 하나님을 찬송하라. 우리는 하나님의 자비들을 다 헤아릴 수 없기 때문에 우리의 하나님을 무한히 찬송하자. "나는 주를 더욱더욱 찬송하리이다."

앞으로 좀 더 나아가자. 우리 모두는 여러 해에 걸쳐 하나님의 신실하심과 불변하심 그리고 진실하심을 입증했다. 우리가 하나님을 거슬러 그분께 죄를 지었을 때, 우리는 그 속성들이 우리의 나쁜 행실의 무거운 짐을 짐으로써, 그리고 주님이 우리에게 주시는 무한한 은혜에 의해 그것들을 입증했다. 이 모든 경험은 결국 아무런 성과 없이 끝나게 될까? 그와 같이 은혜가 더한 곳에 감사도 더해져야 하지 않을까? 하나님은 은혜로우시기 때문에 매 순간 그분의 사랑은 평생의 찬송을 강력히 요구한다.

모든 그리스도인들은 자신들이 은혜 안에서 자라갈수록 하나님에 대한 더 고귀한 개념을 가져야 한다는 것을 결코 잊어서는 안 된다. 하나님에 대한 우리의 가장 탁월한 개념도 무한히 그분의 영광에 못 미치지만, 성숙한 그리스도인은 하나님의 본질에 대해 자신이 처음에 가졌던 것보다 훨씬 더 분명한 개념을 가진다. 그러므로 하나님의 위대하심은 언제나 찬양을 요구한다. "여호와는 위대하시니." 그러므로 그 다음에 "극진히 찬양할 것이요"(대상 16:25)라는 말씀이 따른다. 나에게 있어서, 만일 하나님이 이전보다 더 위대하시다면, 나의 찬양은 더 커야 한다. 만일 내가 하나님을 나의 아버지로 더 부드럽게 생각한다면, 만일 내가 그분의 정의를 두려워하면서 그분에 대한 더 분명한 개념을 가지고 있다면, 만일 내가 하나님이 속죄를 계획했던 그분의 빛나는 지혜에 대한 분명한 개념을 가지고 있다면, 만일 내가 그분의 영원하고 변함없는 사랑을 더 크게 생각한다면, 지식이 향상될수록 나는 이렇게 말하지 않을 수 없게 된다.

"나는 주를 더욱더욱 찬송하리이다."

진심으로 이렇게 기도하기를 바란다. "'내가 주께 대하여 귀로 듣기만 하였사오나 이제는 눈으로 주를 뵈옵나이다 그러므로 내가 스스로 거두어들이고 티끌과 재 가운데에서 회개하나이다'(욥 42:5-6). 주님에 대한 저의 찬송이 훨씬 더 높이 올라가나이다. 주님의 보좌에까지 제 찬송이 올라가나이다. 말하자면, 저는 주님의 옷자락만을 보나이다. 그러나 주님은 저를 예수님이신 반석의 갈라진 틈에 숨기셨나이다. 그리고 주님의 영광이 제 앞으로 지나가게 하셨나이다. 심지어는 스랍이 주님을 찬송하는 것처럼 저도 주님을 찬송하리이다. 그리고 보좌 앞에 있는 사람들과 겨루면서 주님의 이름을 찬송하겠나이다." 만일 그 모든 것의 실제적인 결과로 우리가 "나는 주를 더욱더욱 찬송하리이다"라고 외치지 못한다면, 우리는 그리스도의 학교에서 배운 것이 거의 없는 것이나 다름없다.

여기 저기에서 수많은 생각들 중 하나를 선택할 수 있겠지만, 나는 여러분에게 다음의 한 가지 사실을 상기시켜주고 싶다. 하나님을 더욱 찬송해야 하는 좋은 이유는, 우리는 우리가 그분을 완전히 찬송하기를 바라는 곳-끝이 없는 세상-에 더 가까워지고 있기 때문이라는 것이다. 회중이 하나가 되어 높은 곳에 있는 아버지 하나님의 집 주변에서 "본향에 더 가까이 간 하루의 행군"을 노래하면서 텐트를 칠 때 교회 방벽들은 가장 기쁘게 울릴 것이다.

게다가, 하늘은 실로 우리 영혼의 유일한 고향이며, 우리는 그곳의 대저택들에 도착할 때까지 안식에 들어갔다는 것을 결코 느끼지 못할 것이다. 우리가 하늘에서 쉴 수 있을 한 가지 이유는, 우리는 거기에서 하나님이 우리를 창조하신 목적을 영원히 성취할 수 있을 것이기 때문이다. 나는 하늘에 더 가까이 있는가? 그렇다면 나는 내가 하늘에서 할 일을 (이 땅에서) 좀더 할 것이다. 나는 신속하게 하프를 사용하여 정성스럽게 그것을 연주할 것이다. 나는 보좌 앞에서 내가 노래할 찬송을 연습할 것이다. 비록 하늘의 언어가 시인들이 여기에서 함께 모을 수 있는 어떤 말들보다 더 달콤하고 더 풍부할지라도, 본질적인 하늘의 노래는 우리가 여기 이 땅에서 여호와께 드리는 노래와 같을 것이다.

> 그들은 위에서 어린양을 찬송하고,
> 우리는 아래에서 그분을 찬송하네.

그들의 찬송의 본질은 어린양이 고난을 당하시고 피를 흘리신 것에 대한 감사다. 그것은 또한 우리의 찬송의 본질이다. 그들은 하찮은 존재들에게 부어주신 분에 넘치는 은총으로 인해 임마누엘의 이름을 송축한다. 그리고 우리도 마찬가지이다.

노령의 형제 자매들이여, 나는 여러분을 축하한다. 왜냐하면 여러분은 본향에 거의 이르렀기 때문이다. 지금까지보다도 훨씬 더 찬양으로 가득 차게 하라. 영광의 땅이 더 밝게 빛날수록 여러분의 걸음을 재촉하라. 여러분은 진주로 장식한 문에 가까이 있다. 비록 여러분의 노환이 증가할지라도 계속해서 노래하라. 그 노래가 차차 완전한 화성으로 변할 때까지 더 달콤하고 더 커지게 하라.

우리가 하나님을 더욱더욱 찬송해야 하는 다른 이유를 들 필요가 있을까? 그래야 한다면, 당연히 그렇게 할 것이다. 정말로 의심할 바 없이 현재 이 시점에서 우리는 더 열심히 하나님을 찬송해야 한다. 왜냐하면 하나님의 적들이 더욱 하나님을 욕되게 하려고 애쓰고 있기 때문이다. 지금은 조롱하는 자들이 한없이 건방진 때이다. 여러분은 자신들이 "하나님을 굴복시켰다"고 말한 프랑스 혁명가들의 험담을 알게 되었을 때 화가 나지 않는가? 그들은 다시금 종교적이 되어야 하고, 차후 최소한 10년 동안 하나님을 회복시켜야 한다고 말하는 그들의 철학들의 진술-무신론의 승리를 선언했던 오만한 말만큼이나 불손하게 무례한 오만한 권고-을 읽을 때 훨씬 더 슬퍼진다.

그러나 필시 파리 토박이들은 우리가 여기에서 말하는 것보다 더 정직하게 말할 것인데, 왜냐하면 우리 가운데에는 성경의 가장 분명한 가르침들을 부정하면서도 그것을 공경의 마음으로 대하는 척하는 불신이 많이 있기 때문이다. 그런데 그런 견해를 주장하는 사람들은 잠꾸러기들이 아니며 자신들의 노력을 늦추지도 않는다. 아! 우리는 종교에 관해 아주 침묵하거나 무관심할지도 모른다. 그러나 그 사람들은 자신들의 믿음(faith)을 아주 열심히 선전하는 자들이거나 아예 믿음이 없는 자들이다. 그들은 한 사람의 변절자를 만들기 위해 바다와 땅을 전부 돌아다

닐 것이다. 우리가 분주하게 돌아다니는 이러한 사탄의 그 종들을 생각할 때, 우리는 각자 자신을 꾸짖으면서 다음과 같이 말하게 해야 한다. "바알도 그렇게 부지런히 섬김을 받고 있는데, 여호와 하나님을 대변해야 할 사람이 그토록 조용하게 있어도 된단 말인가? 내 혼아! 각성 좀 해라. 내 영아! 깨어라. 당장 일어나 네 하나님을 더욱더욱 찬송하라."

그러나 정말로 내가 마음에 떠오르는 많은 주장들 가운데 이 몇 가지만을 말하지만, 하나님을 알고 사랑하는 여러분들에게는 굳이 여러분 자신의 영혼이 하나님을 찬양하기를 갈망해야 하는 이유들을 언급할 필요가 없다는 생각을 하면, 내 영에 힘이 솟는다. 만일 여러분이 얼마동안 공공 예배를 드리지 못한다면, 여러분은 하나님의 집의 모임을 갈망하며 처마 밑에 자기 둥지를 트는 제비들을 부러워할 것이다. 만일 여러분이 그리스도의 교회를 위해 익숙하게 하던 봉사를 수행할 수 없다면, 시간이 지루하게 지나간다. 주님이 자신을 보내신 아버지 하나님의 뜻을 행하는 것이 자신의 양식이라는 것을 아셨던 것처럼, 여러분이 그 뜻을 행할 수 없을 때 여러분 역시 하나님의 양식을 빼앗긴 사람과 같으며, 여러분 안에는 만족할 줄 모르는 허기가 생긴다. 그리스도인들이여! 여러분은 진정 하나님을 찬송하기를 갈망하는가? 내가 확신하는 바, 여러분은 지금 "아! 하나님을 더 많이 찬송할 수 있다면 얼마나 좋을까?"라고 생각할 것이다.

어쩌면 여러분은 하나님을 위해 해야 할 일을 가지고 있는 위치에 있을지도 모른다. 그리고 여러분의 심장은 이렇게 말하고 있을 것이다. "아, 나는 이 일이 하나님을 찬양하는 일이 될 수 있도록 철저하게 하고 싶구나!" 또는 어쩌면 여러분은 할 일이 거의 없어서, 한번 더 충만한 위로를 받기 위해서가 아니라 더 쓸모가 있는 사람이 되고자 종종 하나님이 여러분을 위해 변화를 주시기를 바라는 삶의 상황에 있을지도 모른다. 무엇보다도, 나는 여러분이 하나님을 더욱더욱 찬송하는 것을 방해하는 죄와 모든 것에서 벗어나기를 바란다는 것을 알고 있다. 그래서 여러분 자신의 심장이 거룩한 대의(holy cause)를 주장하기 때문에, 나는 재차 거론할 필요가 없다.

그것과 관련하여 하나의 이야기를 예로 들어 설명하고자 한다. 나는 위대한 왕(the great King)이신 하나님을 찬양하는 찬양대에서 오래 동안 자신의 목소리를 높여 노래하는 특권을 받아온 사람을 알고 있다. 그 즐거운 일을 할 때, 그보다 더 행복한 사람은 없었다. 그는 더 오래 그 일에 참여하면 할수록 그것을 더 사랑했다. 그러던 어느 날, 그는 자신이 찬양대에서 제외되었다는 것을 알게 되었다. 그는 자신이 맡은 역할을 하려고 했지만 허락을 해주지 않았다. 아마도 왕이 화가 나 있었을 것이고, 그는 노래를 소홀히 했을 것이다. 그리고 다른 일들도 걸맞지 않게 했을 것이다. 또는 어쩌면 만일 그를 잠시 조용하게 한다면 그의 노래가 더 감미로울 거라는 것을 그 왕은 알고 있었을 것이다. 나는 그 영문을 알지 못한다. 그러나 이것은 알고 있다. 그것 때문에 그는 마음을 깊이 살피게 되었다는 것이다.

종종 그 찬양대원은 복직시켜 달라고 애원했다. 그러나 그 때마다 그는 거절당했다. 거절당하되, 다소 거칠게 거절당했다. 그 불행한 대원은 3개월 이상을 자신의 뼛속까지 불을 가지고서 그것을 제대로 표출하지 못한 채 침묵하고 있을 수 밖에 없었다. 그 왕의 찬양대는 그가 없는 채로 계속해서 진행했다. 노래가 부족한 것이 아니었다. 왜냐하면 그는 그것을 좋아했기 때문이다. 다만 그는 다시 자신의 자리에 있기를 갈망했다. 말로 다 형용할 수 없을 만큼 몹시 갈망했다. 마침내 그 행복한 시간이 왔다. 그 왕이 그가 다시 노래할 수 있도록 허락한 것이다. 그는 감사가 넘쳤다. 나는 그가 이렇게 말하는 것을 들었다. "나의 주님, 내가 다시 복직되었음으로 '나는 항상 소망을 품고 주를 더욱더욱 찬송하리이다'"(시 71:14).

이제 다른 요점으로 넘어가자. 성령의 능력 안에서 우리가 하나님을 더욱더욱 찬송하는 것을 가로막는 모든 방해물을 몰아내자.

가장 치명적인 것들 중 하나는 몽상(dreaminess) 또는 졸음(sleepiness)이다. 그리스도인은 쉽사리 이 상태에 빠지곤 한다. 심지어는 공공 집회에서조차 그런 모습을 보게 된다. 아주 빈번하게 전체 예배를 기술적으로 훑고 지나간다. 그 동일한 몽상이 그리스도인들이라고 고백하는 많은 사람들을 엄습하여 그들과 함께 머문다. 하나님을 더욱더욱 찬송하지 않고 그들이 흔히 있는 긴장을 유지하기란 모든 점에서 어려우며, 그저 간신히 그렇게 한다. 우리 자신들을 그와 같은 모든 혼수상태에서 흔들어

깨우자. 의심할 여지없이, 만일 한 사람이 완전히 깨어 주의를 게을리 하지 않을 예배가 있다면, 그것은 하나님을 찬송하고 크게 할 때이다. 하나님의 보좌에서 잠에 취해 있는 천사나 거룩한 찬송을 부르는 동안 꾸벅꾸벅 졸고 있는 그룹(cherub)을 상상하는 것은 우스운 일이다. 땅에서 하늘의 권세에 그와 같은 무례를 보여야 할까? 아니다. 우리 안에 있는 모든 것들에게 이렇게 말하자. "깨어라!"

그 다음 방해물은 초점의 분열일 것이다. 아무리 우리가 결심을 할지라도, 나이가 들어가면서 이 세상으로 하여금 우리의 생각들을 사로잡도록 내버려둔다면, 우리는 하나님을 더욱더욱 찬송할 수 없다. 만일 내가 "나는 주를 더욱더욱 찬송하리이다"라고 말하면서도 사방에서 재산을 모으는 기획들을 만들어 내거나 불필요하게 더 큰 사업에 자신들을 내던진다면, 내 행위들은 내 결심들과 모순된다. 우리는 사업을 방해하려는 것이 아니다. 한 사람이 자신의 사업의 범위를 넓힘으로써 하나님을 더욱더욱 찬송할 수 있게 되는 인생의 때가 있다. 그러나 내가 알고 있는 사람들 중에 어떤 조건에서 하나님을 아주 잘 찬양하던 사람들이 있지만, 그들은 자신들이 가진 것에 만족하지 않고 자신들의 재산을 늘리는 것에 전념해왔다. 그들은 주일학교에서 가르치는 것이나 심방 위원회에 참여하는 것, 또는 몇몇 다른 형태의 기독교적 섬김을 포기해야 했다. 왜냐하면 그들은 돈을 버는 일에 자신들의 힘을 모두 써버렸기 때문이다. 사랑하는 여러분, 비록 여러분이 이 세상에서 얻는 것이 있어도 하나님을 찬송하는 일을 잃어버린다면, 그것은 얻는 것이 적은 것임을 알게 될 것이다. 우리가 점점 나이 들어갈수록, 우리의 에너지를 인생의 목적으로 삼을 만한 가치가 있는 한 가지 일, 다시 말하면 유일한 일-하나님을 찬양하는 일-에 더욱더욱 집중하는 것이 현명하다.

하나님을 더욱 찬송하는데 또 하나의 큰 장애물은 자기 만족이다. 게다가, 그것은 우리가 아주 쉽게 빠져들 수 있는 상태이다. 우리의 참된 믿음(belief)-우리가 우연히 듣게 될 때에 우리만 그것을 절대로 말하지 않는데-은, 우리는 진정 모두 매우 좋은 동료들이라는 것이다. 우리는 다른 때뿐만 아니라 기도할 때 우리는 불행한 죄인들이라고 고백할지 모른다. 그리고 나는 진정 그것이 어느 정도 사실이라고 믿는다. 그럼에도 불구하고 우리의 마음속에는 우리는 매우 착실한 사람들이며, 대체로 아주 훌륭하게 행하고 있다는 확신이 있다. 우리 자신들을 다른 그리스도인들과 비교하면서, 우리는 할 수 있는 최선을 다해 하나님을 찬송하고 있다는 것은 상당히 칭찬할 만하다. 그러므로 내가 이것을 무척이나 귀에 거슬리게 표현했지만, 그것은 때때로 심장이 우리에게 말한 것이 아닌가? 한 사람의 죄인이 자기 자신에게 만족해야 한다고 하는 것은 역겨운 생각이다.

자기 만족은 발전의 끝이다. 친애하는 신우 여러분이여, 여러분은 왜 여러분 주변의 소인들과 자신을 비교하는가? 만일 여러분이 다른 사람들과 자신을 비교해야 한다면, 이전 시대의 (믿음의) 거장들을 보라. 아예 나쁜 습관을 완전히 버려라. 왜냐하면 바울은 우리 자신을 우리 중에 있는 다른 사람들과 비교하는 것은 지혜가 없는 것이라고 말했기 때문이다(고후 10:12-14를 보라). 우리 주님이요 주인이신 예수님을 바라보라. 그분은 비길 데 없는 탁월함으로 우리 위에 높이 서 계신 분이다. 그렇다. 우리는 절대로 자만하지 않아야 한다. 그 대신 겸손히 자기를 낮추면서 주님을 더욱더욱 찬송하기로 작정해야 한다.

과거의 영예에 만족하는 것은 또 하나의 위험이다. 우리는 젊었을 때 하나님을 위해 많은 것을 했다. 이따금 나는 기독교 벌통(Christian hive)에 있는 수벌들을 만났는데, 그들의 자랑은 자신들이 몇 년 전에 많은 꿀을 생산했다는 것이었다. 나는 오늘날 사람들이 자신들의 노에 만족하는 것을 본다. 그러나 나는 그들이 몇 년 전에 배에 생기게 했던 기동력을 설명하는 것을 듣고는 깜짝 놀란다. 여러분이 이전에 그들을 보았더라면 좋았을 것이다. 그때 그들은 노를 젓는데 탁월한 사람들이었다. 애석하게도, 지금은 이 형제들을 깨우쳐 그들의 처음의 일을 하도록 할 수가 없다. 그렇게 한다면 교회에 득이 될 뿐만 아니라 그들 자신들에게도 똑같이 득이 될 것이다. 하나님이 다음과 같이 말씀하셨다고 가정해 보라. "과거를 믿어라. 나는 20년 전에 너희에게 큰 자비들을 베풀었다. 그것을 먹고 살아라." 영원하시며 늘 사랑해주시는 성령께서 이렇게 말씀하셨다고 가정해 보라. "나는 30년 전에 네 안에서 큰 일을 행했노라. 이제는 물러나 더 이상 아무 것도 하지 않을 것이다." 그러면 여러분은 어디에 있겠는가? 그렇다. 만일 여러분이 여전히 영원한 샘을 다시 이용하고

자 한다면, 정말로 모든 것의 근원이신 하나님을 찬송하라.

그러므로 하나님께서 우리로 하여금 우리가 그분을 찬송하는 것을 방해할 수 있는 모든 것을 버리도록 도우시기를 바란다! 아마도 지금까지 가난이나 신체의 고통에 시달려온 사람은 아주 낙담한 상태에서 다음과 같이 말할지도 모른다. "나는 하나님을 더욱더욱 찬송할 수 없습니다. 나는 쉽게 절망해 버립니다." 친애하는 신우 여러분이여, 하나님께서 여러분이 그분의 뜻에 온전히 순종할 수 있도록 해 주시기를 바란다. 그럴 경우, 여러분의 문제들이 크면 클수록, 여러분의 노래도 그만큼 더 감미로울 것이다.

어느 다정한 목사님으로부터 내 마음을 감동시킨 짧지만 아름다운 이야기 하나를 들은 적이 있다. 한 가난한 미망인과 그녀의 어린아이가 몹시 가난한 나머지 굶주림의 고통을 겪으면서 함께 앉아 있었다. 그 아이는 엄마의 얼굴을 쳐다보면서 이렇게 말했다. "엄마, 하나님은 우리를 굶어죽게 내버려두지 않으실 거지? 그렇지?" 그 엄마는 이렇게 대답했다. "그럼, 하나님은 그렇게 하지 않으실 거란다, 애야." 그 아이는 이렇게 말했다. "그런데 엄마, 만일 하나님이 그렇게 하시더라도, 우리는 여전히 우리가 살아 있는 한 하나님을 찬송할거지? 그렇지?" 백발인 사람들은 그 어린애가 말했던 것을 말할 수 있기를 바라고 또 그것을 이행하기를 바란다. "비록 하나님이 나를 죽이실지라도 나는 그를 신뢰할 것이다"(욥 13:15, 현대인의 성경. 원서의 의미상 이 번역이 더 적합하다. 그러므로 이 구절은 "그가 나를 죽이시리니 내가 희망이 없노라"라는 개역개정판 대신 현대인의 성경을 사용한다-역자). "우리가 하나님께 복을 받았은즉 화도 받지 아니하겠느냐"(욥 2:10). "주신 이도 여호와시요 거두신 이도 여호와시오니 여호와의 이름이 찬송을 받으실지니이다"(욥 1:21). "나는 주를 더욱더욱 찬송하리이다."

아주 간단히 말하면, 이 결심을 실제로 이행하는 일에 전념하자. 나는 여러분에게 그것에 대한 주장들을 전했고 방해물들을 제거하려고 노력했다. 당장 그것을 이행하는데 조금이나마 도움을 주기 위해서였다. 어떻게 우리는 하나님을 더욱더욱 찬송하기 시작할까?

진지함(Earnestness)은 이렇게 말한다. "나는 오늘 오후에 색다른 일을 맡을 것이다." 잠깐 멈추어라. 만일 여러분이 하나님을 찬송하기 원한다면, 우선적으로 여러분 자신과 함께 시작하는 것이 좋지 않을까? 그 음악가는 "나는 하나님을 더 잘 찬송할 것이다"라고 말했다. 그러나 그의 악기의 관들이 막혔다. 그는 무엇보다도 그것들에 시선을 돌리는 것이 나았다. 만일 줄이 알맞게 조율되지 않았다면, 연주를 시작하기 전에 그것들을 바로 잡는 것이 좋았을 것이다. 만일 우리가 하나님을 더욱 찬송하고자 한다면, 소년들이 수영장 안으로 몰려들어가는 것처럼, 즉 저돌적으로 해서는 안 된다. 그렇다. 여러분의 마음을 준비함으로 여러분 자신을 준비하라. 여러분의 영혼을 하나님을 찬송하는데 적합하게 하고자 한다면, 여러분에게는 성령의 도움이 필요하다. 그것은 바보들이나 하는 것이 아니다. 그러므로 여러분의 방으로 들어가서 과거의 죄들을 고백하라. 그리고 여러분이 그분을 찬송하기를 시작할 수 있도록 여러분에 더 많은 은혜를 달라고 주님께 요청하라.

만일 우리가 하나님을 더욱더욱 찬송하고자 한다면, 우리의 개인적인 헌신을 향상시키자. 하나님은 참으로 헌신적인 기도와 경배에 의해서 크게 찬송을 받으신다. 설교는 열매가 아니다. 그것은 (씨를) 뿌리는 것이다. 참된 노래는 열매이다. 내가 의미하는 것은 이것이다. 즉 밀의 푸른 잎은 설교일 것이다. 그러나 밀의 낟알은 여러분이 부르는 찬송이요 여러분을 하나가 되게 하는 기도이다. 삶의 참된 결과는 하나님을 찬송하는 것이다. 요리문답은 다음과 같이 말하고 있는데, 나는 그것을 더 잘 표현할 수 없다. "인간의 주된 목적은 하나님을 영화롭게 하고 그분을 영원히 누리는 것이다." 우리가 우리의 개인적인 헌신으로 하나님을 영화롭게 할 때, 우리는 우리 존재의 참된 목적에 부응하고 있는 것이다. 만일 우리가 하나님을 더욱 찬송하고 싶다면, 우리는 우리의 개인적인 헌신이 더 높은 수준에 오를 수 있도록 은혜를 구해야 한다. 우리의 성격의 힘과 사람들 사이에서의 하나님을 위한 우리의 사역의 능력은 그분과의 우리의 개인적인 삶의 능력과 비례한다는 사실을 나는 경험을 통해 확신하게 되었다. 이 점을 충분히 유의하자.

그러나 다른 한편으로 나는 열렬한 남자 또는 여자가 다음과 같이 말하는 것을 듣는다. "음, 나는 당신이 말한 것을 귀담아들을 것입니다. 나는 개인 기도와 마음의 일(heart work)에 주의를 기울일 것입니다. 그러나 나는 몇 가지 유익한 일을 시작할 작정입니다." 지당한 말이다. 그러나 잠시 기다려라. 나는 여러분에게 이렇게 묻고 싶다. 여러분이 매일 생활할 때 여러분 개인의 행실은 본래 가지고 있어야 할만큼 그 안에 하나님 찬양을 많이 가지고 있다고 확신하는가? 우리가 하나님을 찬양하기 위해 예배당에 와야 한다고 생각하는 것은 전적으로 잘못이다. 여러분은 여러분의 가게에서, 여러분의 부엌에서, 그리고 여러분의 침실에서 하나님을 찬송할 수 있다. 주일이 하나님을 찬송할 유일한 날이라고 생각하는 것은 전적으로 잘못이다. 매주 월요일에 하나님을 찬송하고 매주 화요일에 찬송하라. 매주 수요일에 찬송하고 매일 찬송하라. 그리고 모든 곳에서 찬송하라. 거룩한 백성에게 모든 곳은 거룩하다. 그리고 거룩한 사람들에게 모든 일은 거룩하다. 만일 그들이 하나님께 기도를 올려드리면서 거룩한 동기를 가지고 그것들을 한다면 말이다. 한 남자가 제철공의 망치를 휘두르든, 손에 쟁기를 잡든, 사람을 위해서가 아니라 주님을 위해서 행하는 일이라면, 그것은 모두 참된 예배이다.

나는 교회에 등록하면서 다음과 같은 질문을 받은 하녀의 이야기를 좋아한다. "당신은 회심했나요?" "그렇게 믿고 있어요, 목사님" "왜 당신은 진정 하나님의 자녀라고 생각하나요?" "음, 목사님, 제 안에서 이전에 있던 것들에 큰 변화가 생겼어요." "그 변화는 무엇이지요?" "목사님, 제 생각에는 모든 것에 변화가 생긴 것 같아요. 그러나 그 중에서도 특별한 것이 하나 있어요. 지금은 늘 매트 아래를 청소하고 있어요." 여러 번 그녀는 매트 아래에 먼지를 숨겨왔다. 그러나 지금은 그렇게 하지 않는다. 그것은 일을 양심적으로 할 때 마음의 변화가 일어난다는 것을 믿을 수 있는 매우 탁월한 근거이다.

우리가 먼지를 숨기는 것에 익숙한 우리의 모든 집에는 일련의 매트들이 있다. 자신의 사업에 종사하고 있는 어떤 사람이 매트-여러분이 알고 있듯이, 상인 여러분에게도 자신들의 매트가 있다-아래를 쓸 때, 관행은 너그럽게 봐주지만 하나님은 책망하시는 악들을 그가 가까이하지 않을 때, 그에게는 마음속에 은혜의 표시들이 있다. 아, 그리스도의 모범을 따라 하나의 행실을 형성할 수 있다면 얼마나 좋을까! 만일 어떤 사람이 거룩한 삶을 살았다면, 비록 그가 결코 설교를 하지 않았거나 심지어는 찬송을 부르지 않았을지라도, 그는 하나님을 찬송한 것이나 다름없을 것이다. 그가 양심적으로 행했을수록, 그는 더 철저하게 그렇게 한 것이나 다름없을 것이다.

이 내적인 문제들을 숙고하면서, 하나님을 위한 우리의 실제적인 봉사를 계속 증진시키자. 우리가 지금까지 해온 기독교 가르침, 심방 등을 하자. 그러나 범사에 더 많이 하고 더 많이 주며 더 부지런히 일하자. 우리 가운데 자신의 최선을 다해 일하고 있는 사람은 누구인가? 그리고 자신의 최선을 다해 주고 있는 사람은 누구인가? 우리의 속도를 높이자. 우리는 이미 아주 많은 것을 하고 있어서 우리가 어떻게든 할애할 수 있는 모든 시간이 완전히 점유되었다고 가정하라. 우리가 더 잘하는 것을 하자. 어떤 교회들은 더 많은 사역을 필요로 하지는 않지만 그것들에 더 많은 힘을 쏟아 넣을 필요가 있다. 여러분은 해안의 모래를 뛰어넘으면서 거의 자국을 남기지 않을 수도 있을 것이다. 그러나 무거운 발걸음을 내디디면 매 순간 깊은 발자국이 남는다. 우리가 하나님을 섬길 때 묵직하게 밟고 지나가서 시간의 모래 위에 깊은 발자국들이 남겨지기를 바란다.

"무슨 일을 하든지 마음을 다하여 주께 하듯 하고"(골 3:23). 그 일에 전념하라. 온 힘을 다해 그것을 하라. "너는 마음을 다하고 뜻을 다하고 힘을 다하여 네 하나님 여호와를 사랑하라"(신 6:6). 아, 그렇게 하나님을 섬길 수만 있다면 얼마나 좋을까! 그것은 하나님을 더욱더욱 찬송하는 것이 될 것이다.

비록 여러분이 언제나 한 사람이 그가 하나님을 위해 하는 일의 양에 의해 어느 정도까지 하나님을 찬송하는지 말할 수 있다고 내가 말하지 않을지라도, 그것은 틀린 방법이 아니다. 여러분이 한 사람의 심장을 그의 팔로 평가할 수 있다는 것-그것은 그가 한 사람의 맥박으로 그의 심장을 평가한다는 것을 의미했다-은 고대 물리학자인 히포크라테스의 오래된 금언이다. 비록 예외가 있긴 하지만, 대체로 여러분은 한 사람이 하나님을 위해 하는 일에 의해 그의 심장이 하나님을 진실 되게 찾고 있는지 아닌지를 말할 수 있다. 많은 것을 하고 있는 여러분이여, 더 많은 것을 하라. 그리고 적은 것을 하고 있는 여러분이여, 하나님의 능력을 힘입어 그 적은 것을 증대시키고, 그러므로 그분을 더욱더욱 찬송하기를 나는 간청한다.

만일 우리가 우리의 공동의 대화에서 하나님을 찬양하는 것을 더 많이 말한다면, 즉 우리가 외출할 때나 집에 앉아 있을 때 우리가 하나님에 대해 더 많이 말한다면, 우리는 하나님을 더욱더 찬송할 수 있다. 만일 우리가 우리의 헌신을 다하고, "그런즉 너희가 먹든지 마시든지 무엇을 하든지 다 하나님의 영광을 위하여 하라"(고전 10:31)는 가르침에 순종한다면, 우리는 그분을 더욱더욱 찬송할 수 있다.

만일 우리가 우리의 경건한 예배에 더 많은 노래를 더한다면, 우리는 잘 할 것이다. 세상이 노래한다. 수많은 사람들이 자신들의 노래를 가지고 있다. 대중의 기호는 바로 지금 그들이 가장 좋아하는 노래들에 관한 매우 주목할 만한 기호라고 나는 말하지 않을 수 없다. 그 노래들 중 많은 것이 너무나 어리석고 무의미해서 바보에게도 어울리지 않는다. 그럼에도 우리는 사람들로부터 그것들을 듣게 될 것이며, 그 시시한 것을 듣고자 많은 사람들이 여러 곳으로 몰려들어 북적거릴 것이다. 그러면 왜 우리는 우리에게 있는 다윗의 웅장한 시들과 카우퍼(Cowper)와 밀턴(Milton) 그리고 왓츠(Watts)의 고상한 찬송들을 듣지 않아야 하는가? 왜 우리는 그들이 노래했던 것처럼 노래하지 않아야 하는가? 시온의 노래들을 부르자. 그것들은 소돔의 노래들 못지 않게 유쾌하다. 새 예루살렘의 아름다운 가락들로 고모라의 윙윙거리는 허튼 소리를 압도해 버리자.

마지막으로, 나는 독자 여러분 각자가 내가 여러분에게 전하려고 해온 그 주제의 중요성을 마음 속 깊이 새겨 넣었기를 바란다. "나는 주를 더욱더욱 찬송하리이다"(시 71:14). 왜 그런가? 여러분 중에는 결코 하나님을 찬송하지 않은 사람들이 있기 때문이다. 여러분은 오늘 죽게 되었다고, 그것도 당장 죽게 되었다고 가정해 보라. 여러분은 어디로 갈까? 천국으로 갈까? 여러분에게 천국은 무엇인가? 여러분을 위한 천국은 있을 수 없다. 사람들은 내가 지금까지 들어온 그 하나 뿐인 천국에서 하나님을 찬송한다. 천국의 환경은 감사와 찬송 그리고 경배이다. 여러분은 이것들 중 아무 것도 알지 못한다. 그러므로 하나님이 여러분을 위해 천국을 준비하시는 것은 가능하지 않을 것이다. 하나님은 죄 많은 영을 행복하게 하시거나 진리와 정의를 위반하는 것을 빼고는 모든 것을 하실 수 있다.

여러분은 틀림없이 하나님을 찬송하든지 아니면 불행하게 되든지 할 것이다. 진정 여러분에게는 선택권이 있다. 여러분은 틀림없이 여러분을 지으신 그 하나님을 예배하든지 아니면 불행하게 되든지 할 것이다. 하나님이 여러분에게 불을 붙이시거나 그 위에 자신의 진노의 유황을 던지시는 것이 아니라, 여러분의 불행은 여러분 자신 안에서 시작된다. 왜냐하면 찬송할 수 없는 것은 지옥으로 가득 차는 것이기 때문이다. 하나님을 찬송하는 것은 천국이다. 경배에 잠길 때, 우리는 아주 큰 행복으로 충만하게 된다. 그러나 감사가 전혀 없는 것은 행복이 전혀 없는 것이다.

아, 주님을 전혀 송축하지 않던 여러분에게 변화가 일어나기를! 일어나되 오늘 일어나기를 바란다. 중생의 역사가 지금 당장 일어나기를 바란다! 돌 같은 여러분의 심장을 한 순간에 육신의 심장으로 변화시킬 성령의 능력이 있다. 그 결과 심장은 냉랭하고 생명력 없이 되지 않고 감사로 고동치게 될 것이다. 여러분은 십자가 위의 그리스도가 죄인들을 위해 죽고 계시는 것을 보지 못하는가? 여러분은 그 공평 무사한 사랑을 볼 수 있는가? 그리고 보여진 그대로 그 사랑에 대한 감사를 느낄 수 없는가? 아, 만일 여러분이 예수님을 바라보고 그분을 신뢰하기만 한다면, 여러분은 생명의 빛이 여러분의 영혼 속으로 들어오는 것을 느끼게 될 것이다! 그것과 함께 찬송이 올 것이며, 그 때 여러분은 행복한 삶을 시작하는 것이 가능하다는 것을 알게 될 것이다. 여러분이 하나님을 더욱더욱 찬송할수록, 그 행복한 삶은 증대되어 기쁨으로 완성될 것이다.

그러나 그리스도인들이여, 마지막으로 여러분에게 할 말이 있다. 여러분은 하나님을 더욱더욱 찬송하고 있는가? 만일 여러분이 그렇게 하고 있지 않다면, 한 가지가 염려된다. 즉 여러분은 하나님을 점점 덜 찬송하고 있을 것이다. 만일 우리가 기독교적 삶으로 전진하지 않는다면, 우리가 퇴보한다는 것은 틀림없는 사실이다. 여러분은 가만히 서 있을 수 없다. 둘 중 한 쪽으로 가게 되어 있다. 그래서 전에 하나님을 찬송했던 것보다 덜 찬송하는 사람은 내일 그분을 덜 찬송하게 되고, 그 다음날은 그보다 덜 찬송하게 되며, 그러므로 그는 앞으로 계속해서 그 방향으로 나갈 것이다. 그러면 그는 어떻게 되는가? 그는 분명 멸망을 향해 물러나는 사람들 중의 한 사람이 되며, 사도 바울이 종종 말했듯이 그리고 베드로와 유다가 가장 무섭게 말했듯이, (그들보다) 더 지독한 형벌을 선고받는 사람들은 없다. "죽고 또 죽어 뿌리까지 뽑힌 열매 없는 가을 나무요…영원히 예비된 캄캄한 흑암으로 돌아갈 유리하는 별들이라"(유 1:12-13). 그들이 의의 길을 알고도 벗어나는 것보다 차라리 그것을 알지 못한 것이 훨씬 더 나았을 것이다. 자신들의 손으로 쟁기를 잡고 뒤를 돌아다보는 것보다 차라리 쟁기를 손에 잡지 않는 것이 훨씬 더 나았을 것이다.

그러나 사랑하는 형제자매들이여, 비록 내가 그와 같이 쓰더라도, 나는 여러분을 위한 더 좋은 것들, 즉 구원을 동반하는 것들을 받도록 설득한다. 나는 하나님께서 여러분을 능력 가운데 계속 인도해 주시기를 기도한다. 왜냐하면 그것이 의인의 길이기 때문이다. 여러분이 은혜 안에서 자라가기를 바란다. 왜냐하면 생명은 성장이 증명하기 때문이다. 여러분은 줄곧 노래하면서 천국을 향해 순례자들처럼 행진해 가기를 바란다. 종달새가 최종적인 심상으로, 그리고 우리 모두가 되어야 하는 것의 한 예로서 여러분에게 도움이 될 것이다. 우리는 올라가야 한다. 우리의 기도는 이것이어야 한다. "나의 하나님, 주님께 더 가까이 나아가게 하옵소서." 우리의 모토는 "더 높이! 더 높이! 더 높이!"가 되어야 하는 것도 당연하다. 올라갈수록, 우리는 노래해야 하고, 우리의 노래는 더욱 커지고 더욱 분명하게 되며 더욱 하늘에 가득해야 한다. 더 높이 하늘을 향해 올라갈수록 노래하라. 더 높이 여러분이 영광 가운데 용해될 때까지 노래하라. 아멘.

3장 | 아침과 저녁의 노래

> 아침마다 주의 인자하심을 알리며
> 밤마다 주의 성실하심을 베풂이 좋으니이다.
> (시 92:2)

랍비들은 시편 92편 2절이 낙원에 있던 아담이 지은 것이라고 생각한다. (그러나) 우리가 그것을 믿어야 할 이유는 없다. 반면에 우리가 그것을 믿지 않아야 할 이유들은 많이 있다. 아담이 어리석은 자와 무지한 자 그리고 풀같이 자라는 악인에 관해 노래했을 가능성은 없다. 그에 반해 그 때까지는 아직 그는 혼자였고 타락하지 않은 상태였다. 그렇기는 하지만, 적어도 이 시의 첫 번째 부분은 우리의 입에서 나오는 것처럼 아담의 입에서도 적절하게 나왔을지도 모른다. 만일 밀턴(Milton)이 아담의 입에 말을 담을 수 있었다면 이렇게 말하게 했을 것이다.

> 선의 수호자(Parent)이신 전능하신 하나님, 이것들은 주님이 행하신 영광스러운 일들입니다. 이 우주는 주님의 것입니다. 그러므로 주님은 놀랍도록 공정하시며 진정 놀라우

십니다.

밀턴은 분명 아담으로 하여금 다음과 같이 적절하게 말하게 했을 것이다.

지존자여 십현금과 비파와 수금으로 여호와께 감사하며 주의 이름을 찬양하고 아침마다 주의 인자하심을 알리며 밤마다 주의 성실하심을 베풂이 좋으니이다 여호와여 주께서 행하신 일로 나를 기쁘게 하셨으니 주의 손이 행하신 일로 말미암아 내가 높이 외치리이다.(시 92:1-4)

유대인들은 오래 동안 이 시를 자신들의 안식일에 회당 예배에서 사용해왔다. 그것은 안식일에 매우 적합하다. 거기에는 안식일에 대한 언급이 거의 없거나 전혀 없기 때문에 겉보기에는 그렇게 보이지 않을지라도 말이다. 그러나 다른 어떤 날보다 그 날, 지상의 모든 것들 중에서 우리의 생각을 하나님 그분께 올려드려야 하기 때문에 그렇다. 이 시는 마음을 경배에 맞추며, 그러므로 주일 예배를 위해 그것을 준비시킨다. 그것은 우리에게 묵상을 위한 훌륭한 주제-주님, 오직 주님만-를 제공하는데, 심지어는 우리를 끌어올려 그분이 하신 일을 넘어서 그분 자신과 우리를 향한 그분의 자비를 묵상하게 한다. 아, 우리가 함께 모이는 주일마다 지존자의 이름에 감사하는 것은 좋다고 느끼면서, 언제나 찬양의 마음으로 모일 수 있다면 얼마나 좋을까! 우리가 다른 신자들과 함께 모일 때마다 우리는 언제나 다음과 같이 말할 수 있도록 나는 기도한다. "여호와여 주께서 행하신 일로 나를 기쁘게 하셨으니 주의 손이 행하신 일로 말미암아 내가 높이 외치리이다."

확실히, 2절에 아침과 저녁에 어린양을 제사로 드리는 것에 대한 언급이 나온다. 일년에 한번씩 있는 큰 유월절 축제와, 다른 축제일들과 금식일들-그것들 각각은 하나님의 성령이 가르치신 그 유대인들의 마음 앞에 그리스도를 탁월하게 제시했다-에 더하여, 그날의 죄는 그날 씻김을 받을 필요가 있다고 그들에게 상기시켜 주듯이, 매일 아침과 저녁에 한 마리 양이 바쳐졌다. 그 때는 언제나 죄를 상기시켜 주었을 뿐, 죄를 영원히 없애는 한번의 큰 제사는 드려지지 않았다는 것을 알고 있었다(히 10:3-12를 보라). 오늘날 우리에게는 아침과 저녁의 어린양이 필요하지 않으며, 그리스도를 제물로 드리는 것을 반복해야 한다는 생각은 우리에게는 가장 끔찍하게 신성 모독적이며 불손하다. 그렇지만 우리는 한 번의 완전한 제사를 계속 기억해야 하고, "세상 죄를 지고 가는 하나님의 어린 양"(요 1:29)을 보지 않은 채로 아침에 잠에서 깨지 않아야 하며, 피 묻은 나무 위에서 우리의 죄를 위해 고난 당하시고 돌아가신 그분께로 우리의 눈을 다시 한번 향하게 하지 않은 채로 잠자리에 들지 않아야 한다.

그러나 우리의 본문이 의도하는 것은 우리에게 찬양에 관해 말하는 것이다. 찬양은 신자들이 계속해서 해야 하는 것이다.

그것은 기쁨을 주는 하늘의 일이며, 또한 땅의 계속적인 기쁨이어야 한다. 그 본문은 우리에게, 찬양은 오직 하늘에 계신 하나님께만 드려야 하고 또 우리는 우리의 삼위일체 하나님을 영원히 경배해야 하지만, 우리의 통일성 안에는 다양성이 있어야 함을 가르친다고 나는 생각한다. 우리는 주님만을 송축한다. 우리에게는 그분을 위한 음악만 있을 뿐이다. 그러나 우리가 언제나 동일한 방식으로 그분을 찬양하는 것은 아니다. 탬버린, 프살테륨(psaltery), 하프와 같은 여러 가지 악기들이 있는 것처럼, 여러 가지 주제들, 즉 아침을 위한 주제와 저녁을 위한 주제가 있다. 한 번은 인자하심을 알리고, 다른 한번은 성실하심을 노래한다. 나는 사람들이 자신들이 하나님께 더 많이 드리겠다고 고백하는 찬양을 꼼꼼히 살펴보기를 바란다.

사소하긴 하지만, 나는 때때로 우리의 공공 예배에서 조차도 분명히 우리 가운데 생각이 부족함을 보게 된다. 만일 우리가 사람들이 노래하는 것에 관해 너무 많이 생각한다면, 찬양의 정신을 잃어버릴 수도 있다. 예배가 지겹지는 않지만 지루하다는 듯이, 더 느리게 찬양하는 경향이 있다. 너무나 자주 찬송을 하는 것이 습관적이 되는 것은 아닐까 걱정이 된다. 사람들을 보고 있노라면, 마치 가락이 노래를 부르는 사람을 지배하는 것 같다. 그리고 찬송을 부르는 사람이 가락을 다스리지 못하는 것 같다. 만일 온 맘으로 그리고 가락을 이해하면서 노래를 불렀다면, 그는 감각에 따라 목소리에 변화를 주고 또 목소리를 조절하면서 찬송을 불렀을 것이다.

몇몇 사람들의 자세를 보면, 그들은 찬송을 부르고는 있지만 그 찬송이 그들의 심장을 관통하고 있지는 않음을 알 수 있다. 그들은 솟아오르는 감사의 날개를 타고 하나님께로 올라가지 않는다. 나는 또한 이런 모습을 볼 때마다 슬픈 마음이 든다. 어떤 사람들은 비록 예배를 마칠 때 "할렐루야"나 "하나님을 찬양하라"를 합창할지라도, 그들은 다음 순서가 어떤 것인지 별로 생각하지 않은 듯 꼼짝하지도 않고 자신들의 자리에 앉아 있다가 갑작스럽게 어찌할 바를 모른 상태로 다시 일어서지만, 마음이 정지되어 있어서 보통 이상의 어떤 것도 그들에게는 감당하기가 어렵다. 이런 모습을 볼 때마다 나는 슬퍼진다. 나는 절대로 자세나 목소리에는 마음을 쓰지 않지만, 그것들이 관심 부족을 나타내는 경우에는 마음을 쓴다. 그리고 여러분도 그렇게 해야 한다. 어떤 섬김도 마음의 사랑(heart-love)과 거룩한 헌신보다 하나님의 귀에 더 듣기 좋은 것은 없다는 것을 잘 기억하라. 여러분이 원한다면, 여러분의 오르간으로 많은 음악을 연주해도 좋을 것이다. 또는 여러분이 동일하게 좋은 음악을 여러분의 목소리-그리고 우리 중에는 그것이 훨씬 더 낫다고 생각하는 사람들이 있다-로 연주해도 좋을 것이다. 그러나 만일 거기에 마음이 담겨져 있지 않다면, 그것이 악기든, 목소리든 하나님께 좋은 음악이 되지 못한다. 게다가, 영혼이 찬송으로 달아오르지 않는다면, 거기에 온전한 마음이 있지 않은 것이며 전인도 있지 않은 것이다.

우리가 개인적으로 찬송할 때, 우리는 또한 우리가 무엇을 하고 있는지 충분히 생각해야 하며 우리의 온 힘을 다해 이 거룩한 의식에 집중해야 한다. 우리는 기도하기 전에 앉아서 다음과 같이 우리 자신에게 물어야 하지 않을까? "나는 무엇 때문에 기도를 하려고 하는가? 나는 기도하기 위해 침대 곁에서 무릎을 꿇는다. 나는 잠시 멈추고 내가 요청해야 하는 것들에 관심을 기울여야 하지 않을까? 나는 무엇을 원하고, 내가 주장해야 하는 약속들은 무엇이며, 나는 왜 내가 원하는 것을 하나님이 나에게 당연히 주실 것이라고 기대해도 되는가?" 만일 우리가 더 많은 시간을 들여 깊이 생각한다면, 우리는 더 잘 기도하지 않을까?

우리는 찬송을 부르려고 할 때 성급하게 허둥지둥 하지 말고 준비된 마음으로 해야 한다. 나는 음악가들이 공연을 막 시작하려 할 때 자신들의 악기를 조율한다는 것을 알고 있다. 그들은 또한 사람들 앞에서 자신의 음악을 연주하기 전에 예행 연습으로 자신들을 준비시킨다. 그러므로 우리의 영혼도 하나님을 송축할 주제를 예행 연습해야 한다. 우리는 공공연히 그리고 개인적으로 우리가 깊이 고려한 찬송의 주제들을 가지고 하나님 앞으로 나아가야 한다. 우리에게 아무런 희생을 치르게 하지 않는 것을 주님께 드리는 것이 아니라, 그 때에 적합한 감사의 주제들에 근거한 경배를 그분의 보좌 앞에 드리는 따듯한 심장을 가지고 하나님 앞에 나아가야 한다. 그래서 시인은 우리에게 다음과 같이 하라고 하는 것 같다. "아침마다 주의 인자하심을 알리며 밤마다 주의 성실하심을 베풂이 좋으니이다"(시 92:2). 이것은 단순한 찬송이 아니라 갖가지의 찬송, 즉 정해진 때에 독특한 주제들을 가진 찬송이다.

먼저, 본문에서 아침 예배의 주제를 고찰해보자. 그 다음에 우리는 저녁 예배를 위한 다른 주제에 초점을 맞출 것이다. 우리는 두 가지 모두를 실천할 필요가 있다.

첫째, 아침 예배에 주목하라. "아침마다 주의 인자하심을 알리며." 하나님을 찬송하는데 아침보다 더 적합한 시간은 있을 수 없다. 주변의 모든 것은 그 다음에나 적합하다. 심지어는 우리가 살고 있는 벽돌과 나무로 이루어진 이 거대한 광야에서도, 이 여름 아침에 빛나는 햇살이 노래처럼 느껴진다. 즉 가사 없는 노래, 더 적절하게 말하자면 소리 없는 음악처럼 느껴진다. 시골 바깥쪽의 모든 풀잎이 그 위에 있는 이슬방울과 함께 반짝일 때, 모든 나무들이 동이 트는 새벽녘에 사파이어와 함께 빛나는 것처럼 반짝반짝 빛날 때, 그리고 엄청나게 많은 새들이 잠에서 깨어 마음을 다해 성가를 부르는데 자신들의 온 힘을 쏟아 부으면서 이구동성으로 자신들의 창조자를 평화롭게 찬송할 때, 아침의 건반은 찬양의 손에 있어야 하는 것이 가장 적절한 것 같다. 새벽은 눈을 뜰 때 감사의 마음을 향해야 한다. 우리 자신이 잠자리에서 다시 일어나서 우리 마음이 바른 상태로 있다면, 우리는 지난 밤 잠에 대해 고맙게 생각한다.

저녁이 우리의 피곤해진 머리를 쉬게 하고,
천사들은 방을 지켜주네.

우리가 잠에서 깨어
우리의 무덤이 되지 않은 침대를
탄복하며 바라보네.

매일 아침은 일종의 부활이다. 밤에 우리는 우리의 옷을 벗고 누워 잠을 잔다. 우리가 죽게 될 때 우리의 영혼들이 그 몸의 옷을 벗는 것처럼 말이다. 그러나 아침은 우리를 깨운다. 만일 그 아침이 주일 아침이라면, 우리는 평상시의 옷을 입지 않고 가까이 준비해 놓은 주일 옷을 찾게 된다. 그렇다 하더라도 (언젠가) 우리는 우리 주님과 같은 모습으로 깨어날 때 더 이상 땅의 먼지로 된 옷을 입지 않고 우리 주 예수님처럼 하얗고 깨끗한 주일 옷을 입은 모습으로 변화되어 있는 것을 발견하고는 만족하게 될 것이다. 그래서 사실 매일 아침이 우리에게 우리의 무덤이 되었을지도 모를 것으로부터 부활을 가져와 밤새 우리가 몸에 지니고 있던 죽음의 이미지로부터 우리를 해방시킬 때, 우리는 매일 아침을 감사하면서 맞이해야 한다. 장차 아주 멋진 부활의 아침이 멀리까지 울려 퍼지는 트럼펫의 음악과 함께 잠에서 깨어나게 되어 있듯이, 매일 아침이 우리에게 부활인 것처럼 기쁨의 찬송으로 우리를 깨우도록 하라.

제가 잠을 자는 동안, 저를 안전하게 지켜주시고
기운을 회복시키시는 주님께 모든 찬양을 드립니다.
주님, 제가 죽음에서 깨어날 때

저로 하여금 영원한 생명을 나누어 갖게 하여 주옵소서.

"아침마다 주의 인자하심을 알리며"(시 92:2). 그 때 우리는 원기로 가득하게 된다. 우리는 사방에 밤이 오기 전에 피곤하게 될 것이다. 아마도 낮에 한참 더울 때, 우리는 기진맥진하게 될 것이다. 우리에게 생기가 있는 동안에 정신을 차리고 하나님께 아침의 정수를 드리자. 우리의 시인은 이렇게 말한다.

꽃이 움트고 있을 때, 그것을 드리는 것은
하찮은 제물이 아니라오.

주님께 하루의 싹, 하루의 첫 아름다움, 하루의 더럽혀지지 않은 순수를 드리자. 여러분이 저녁에 관해 원하는 것을 말해보라. 참으로 저녁에는 그것을 예배를 위한 훌륭한 때로 만드는 특징들이 많이 있다. 그럼에도 불구하고 아침은 탁월한 시간이다. 그것은 위엄 있는 시간이 아닌가? 그것은 어떤 이유로 동방의 군주들의 왕관에서 번쩍이는 다이아몬드들보다 더 순수한 다이아몬드들로 장식되었는지를 깨달아라. 부자가 되고 싶은 사람은 일찍 일어나라는 옛 말이 있다. 의심할 바 없이, 하나님을 향해 부유한 자가 되고 싶은 사람도 그렇게 해야 한다. 이슬은 한낮에 내리지 않으며, 한낮의 걱정과 근심 그리고 혼란 속에서 사람의 영의 이슬과 신선미를 유지하기란 어렵다. 그러나 아침에 이슬은 우리의 솜털을 흠뻑 적실 때까지 그 위에 내린다. 주님 앞에서 그것을 비틀어 짜는 것과, 그분께 우리의 아침의 원기와 신선미 그리고 열정을 드리는 것이 좋다.

자세히 말하지 않아도, 여러분은 하나님을 찬송하는데 아침이 적합하다는 것을 깨달을 것이라고 나는 생각한다. 그러나 나는 단순히 본문을 매일 아침으로 한정하지 않을 것이다. 왜냐하면 그 적합성은 전부 우리 시대의 아침과도 동일하게 관계가 있기 때문이다. 우리의 청년 시절, 우리 인생의 날의 첫 번째 시기를 하나님의 인자하심을 알리는데 써야 한다. 친애하는 청년 여러분, 여러분은 젊을 때 회심하여 축복 받은 자신에게 일어날 것이 아무 것도 없다고 확신한 상태로 있을지도 모른다. 나는 열 다섯 살 때 하나님을 알게 된 것에 대해 그분을 송축한다. 그러나 나는 종종 스무 살에 회심했지만 그것이 이십 일년 전에 일어났기를 바란다고 말했던 그 아일랜드 사람과 같은 느낌이 들 때가 있다. 나도 종종 똑 같은 바람을 느끼곤 했다. 아, 만일 한 사람이 자신이 들이쉬는 첫 번째 호흡을 하나님께 바칠 수 있었다면, 첫 번째 합리적인 사고가 예배의 하나가 되는 것이 가능했었다면, 하나님의 진리를 따라 첫 번째 판단 행위를 했더라면, 그리고 애정의 첫 번째 맥박이 우리를 사랑하셔서 우리를 위해 자기 자신을 주신 구원자 예수 그리스도에 대한 것이었더라면 참으로 좋았을 텐데! 생각을 축복했던 것이 이제는 참회로 점령된 공간을 채울 것이다. 기독교적 삶의 첫 번째 부분은 자체의 특유한 매력을 지니고 있다.

한 살의 나이가 가장 좋다.
왜냐하면 그 때에 피가 더 따뜻하기 때문이다.

나는 인생의 후반부가 더 무르익고 더 달콤하다는 것을 알고 있다. 가을 열매에는 달콤함이 있지만, 이른 열매-처음 익은 열매-의 바구니, 이것이 바로 하나님이 원하시는 것이다. 아침에 하나님의 인자하심을 알리는 사람들은 복이 있다!

우리에게 아침 같이 화창한 삶의 그 기간들을 알리기 위해 그 말을 또한 상징적으로 설명하는 것도 좋을 것이다. 우리에게는 오르막과 내리막, 밀물과 썰물, 아침과 저녁이 있다. 그래서 우리가 화창한 날들 동안 그 안에 있는 하나님의 인자하심을 알리는 것은 우리의 본분이요 특권이다. 여러분 중에는 아주 힘든 인생을 살아와서 여러분의 밤이 낮보다 더 많다고 생각하는 사람들이 있을지도 모른다. 일반적으로 솔직하게 말해서, 또 어떤 사람들은 그와 같은 생각에 찬성할 수 없다. 정말로 찬성할 수 없다. 우리의 아침은 아주 많았다. 하나님을 송축하라. 어찌 되었건, 우리들 삶의 날들에는 기쁨과 즐거움이 아주 많았다. 아주 많되, 우리가 슬픔의 땅에서 거주하고 있을 때 우리가 기대했을지도 모르는 것보다 훨씬 더 많았다. 아! 지금 기쁜 날들이 있다면, 하나님의 인자하심을 알리면서 언제나 그날들을 봉헌하자.

사람들 중에는 번영하고 있는데도 늘 그것을 인정하지 않는 이들이 있다. 그들이 하는 것처럼 하지 마라. 예를 들면, 만일 그들이 돈을 번다면, 음, 그들은 "아주 잘하고" 있는 것이다. 그들은 그것을 "아주 잘"이라고 부르는가? 비록 그들이 절반만 하고 있는데도, 기뻐서 펄쩍펄쩍 뛸 준비가 되어 있었을 때도 있었다. 농부는 자신의 농작물이 충분히 자랐을 때, 그리고 들판이 농작물로 그득할 때, 아주 빈번하게 이렇게 말할 것이다. "아! 곡식들은 아주 공평해." 그것이 그가 말할 수 있는 전부인가? 그것은 하나님의 것을 약탈하는 것이다! 그 빈말은 모든 면에서 아주 널리 퍼져 있으며 가장 준엄하게 비난받아 마땅하다. 우리가 기쁨과 평화 그리고 번영을 오랫 동안 누려오고 있을 때 그렇다고 말하는 대신에, 우리는 하나님이 대체로 우리를 아주 잘 대해 주신 것처럼 말하지만, 동시에 그분은 우리를 위해 아주 주목할 만한 것을 하신 적이 없다고 말한다.

나는 언젠가 묘비 하나를 본적이 있는데, 그것이 나를 무척이나 즐겁게 해주었다. 전에는 그런 종류의 묘비명을 본적이 없다. 나는 그것이 80세에 죽은 한 부인을 위한 것이었다고 생각한다. 그 비문에는 그 부인에 대해 이렇게 적혀 있었다. "그녀는 행복하고 감사하는 삶을 향유한 후에 죽다." 사실, 그것은 우리가 말해야 하는 것이다. 하지만 우리는 마치 우리의 삶이 불쌍히 여김을 받아야 하는 것처럼, 마치 우리가 쟁기 아래에 있는 두꺼비나 소금통 안에 있는 달팽이보다도 잘 살지 못하는 것처럼 말한다. 우리는 우리의 삶이 순교자의 운명(martyrdoms)인 것처럼, 그리고 숨을 쉬는 것이 고통인 것처럼 애처로운 소리를 낸다. 그러나 그것은 사실이 아니다. 그와 같은 행위는 선하신 주님의 명예를 훼손하는 것이다. 우리를 창조하신 것으로 인해 하나님을 송축하라. 우리의 삶에는 자비가 있다. 그렇다. 셀 수 없이 많은 자비가 있다. 우리의 삶에는 슬픔과 어려움도 있지만, 헤아릴 수 없을 만큼 많은 기쁨과 축복도 있다. 우리가 주님의 인자하심을 알리는데 잘 어울리는 아침이 있다. 그러므로 계절, 매일 아침, 우리 시대의 아침, 그리고 우리의 상쾌함과 번영의 아침을 보라.

시인은 그런 때에 찬양을 위한 최고의 주제는 인자하심이라고 말했다. 참으로 나는 이것이 낮뿐만 아니라 밤에도 어울리는 주제라고 인정한다. 비록 의심할 바 없이 그가 이 주제를 아침에 배당하는 것이 타당하다고 여겼을지라도 말이다. 참으로 그것은 온 종일에 적합할 것이다. 지금까지 모든 언어 가운데 인자하심이란 단어와 같은 단어가 있었는가? 나는 때때로 프랑스 사람들이 자신들의 언어에 관해 말하는 것을 들었고, 의심할 여지없이 그것은 매우 아름다운 언어이다. 독일 사람들은 조국의 언어를 예찬한다. 나는 우리의 웨일즈 친구들이 자신들의 발음하기 어려운 말을 격찬하는 것을 들었는데, 그들은 그것을 낙원에서 사용하는 실제 말-정말로 매우 그럴법하다-로서 단언했다. 그러나 하늘 아래에서 어떤 언어도 그 안에 인자하심이란 단어보다 더 풍부한 단어를 가지고 있지 않다고 나는 과감히 말한다.

그것은 이중적인 맛이 있다. 그 안에는 함께 연결된 달콤함의 긴 연쇄가 있다. 인자하심은 마력으로 모든 두려움을 없애 줄 마법을 거는 그런 단어이다. 화이트필드(Whitefield)가 **메소포타미아**(Mesopotamia)라는 단어를 말함으로 청중의 마음을 움직여 눈물을 흘리게 할 수 있었다는 말을 들은 적이 있다. 그가 **"인자하심"**이란 단어를 사용했더라면 그것을 더 잘 할 수 있었을 것이라고 나는 생각한다. 지금 여러분의 혀 아래에 그것을 두라. 그것이 거기에 있게 하라. **인자하심**(loving-kindness). 친절(kindness). 그것은 친척 관계(kinned-ness)를 뜻하는가? 사람들 중에는 친척 관계(kinned-ness)가 친절이란 단어의 근본 의미, 즉 우리가 우리 친척에 대해서 갖는 감정이라고 말하는 이들이 있다. 피는 진정 물보다 진하기 때문이다. 그리고 우리는 낯선 사람들에게는 쉽사리 행동할 수 없지만 우리 친척에게는 그렇게 행동하기 때문이다. 그런데 하나님은 우리를 자신의 친척(kin)으로 만드셨다. 하나님은 자신의 사랑하는 아들 안에서 우리를 자신의 가족으로 받아들이셨다. 우리는 하나님의 자녀이다. "하나님의 상속자요 그리스도와 함께 한 상속자니"(롬 8:17). 우리의 위대한 친척이신 예수 그리스도를 통해 우리와 하나님 사이에 맺어진 "친척 관계"가 있다.

그러나 여러분이 거기에 이르면, 여러분은 그 단어를 단지 절반만 이해하는 것이 된다. 왜냐하면 그것은 인자하심이기 때문이다. 한 사람의 팔의 관절이 빠졌거나 팔이 부러졌을 때, 외과 의사가 그의 팔을 바로잡는 것은 친절이다. 비록 그가 그것을 다소 거칠게 그리고 거만하게 할지라도 말이다. 그러나 만일 그가 여성의 손으로 사자의 심장을 보호하듯 부드럽게 그 팔을 고친다면, 그는 인자하심을 보여주는 것이다. 한 남자가 전장에서 구조되어 구급차에 실려 병원으로 이송되었다. 그것은 친절이다. 그러나 만일 그 불쌍한 병사의 어머니가 병원으로 와서 자신의 아들이 고통을 당하고 있는 것을 볼 수 있다면, 그녀는 아들에게 그 이상의 것인 인자하심을 보이는 것이다. 길에서 차에 치어 병원으로 보내진 아이는 틀림없이 최고의 친절로 돌봄을 받을 것이다. 그러나 어찌 되었건, 어린이의 어머니를 부르러 보내라. 왜냐하면 그녀가 그에게 인자하심을 베풀어줄 것이기 때문이다. 주님은 정확히 그와 같이 우리를 다루신다. 주님은 아버지답게 우리에게 우리가 원하는 것을 제공해 주신다. 그분은 우리에게 최고의 다정함으로 우리가 필요로 하는 것을 제공해 주신다. 그것은 친절이다. 그리고 그것은 "친척 관계"(kinned-ness)이다. 그러나 그것은 또한 두 단어의 합성어, 즉 인자하심(loving-kindness)이다. 진정 하나님의 심장에는 바로 이 말이 새겨져 있는 것 같다. 우리는 하늘에 계신 우리 아버지 하나님 외의 다른 어떤 존재에게 그 말을 총력으로 적용할 수 없다.

그러므로 여기에 우리가 아침에 노래할 주제가 있다. 이 주제를 다루려면, 나는 어디에서 시작해야 하는가? 그것은 무한한 것이다. 인자하심은 시작된다. 아니, 말을 정정해야 하겠다. 그것은 결코 시작되지 않았다. 그것은 시작이 없다. "내가 영원한 사랑으로 너를 사랑하기에 인자함으로 너를 이끌었다"(렘 31:3). 따라서 영원한 사랑은 우리가 노래하기 시작해야 하는 주제이다. 그 영원한 사랑은 하나님이 그것을 준비하실 때 이미 무한했다. 즉 우리가 지음을 받기 전에 주님이 우리를 위하여 언약을 맺으셨고, 우리가 자신의 유일한 아들 예수 그리스도를 통해 진노에서 구원을 받도록 그 아들을 주시기로 결정하셨다. 우리 아버지 하나님의 인자하심은 예수 그리스도 안에서 나타났다. 아, 언제나 그것에 관하여 이야기하자!

우리가 서로 만날 때 왜 우리는 즉시 "당신은 주님의 사랑하는 아들의 은혜 안에서 주님의 인자하심에 대해 잘 생각해 오고 있지요?"라고 말하기를 시작하지 않는지 모르겠다. 진정, 그것은 우리에게 곧 잊게 될 며칠 동안의 화젯거리가 되지 않아야 하는 아주 놀라운 일이다. 그것은 우리가 살아가는 매일 매일 놀라움으로 우리를 채워야 한다. 오늘날 무언가 놀라운 일이 생기면, 모든 사람의 입은 그것으로 가득 찬다. 아테네 사람들처럼 우리의 모든 이웃들은 그것에 관해 듣고 싶어하지만 우리는 즉시 그것에 관해 서로 이야기한다. 그러므로 우리의 입이 하나님의 놀라운 인자하심으로 가득 차게 하라. 그 이야기를 제대로 말하지 않은 채로 남겨두는 일이 없도록, 예수 그리스도의 큰 은혜 안에 분명하게 나타난 영원한 사랑을 아침 일찍 이야기하기 시작하자.

만일 우리가 이미 이것들에 관해 이야기했고 또 갖가지 다양한 것을 원한다면, 예수님께 나아갈 때 서로에게 하나님의 인자하심에 관하여 이야기하자. 각 사람의 삶은 하나의 역사이다. 각각의 삶을 충분히 기록한다면, 그것은 한편의 소설보다 더 놀랄만한 것이 될 거라고 나는 생각한다. 나는 때때로 일몰을 보고는 그것에 대해 이렇게 말했다. "음, 만일 화가가 하늘을 그렸다면, 그것은 결코 그렇게 보이지 않는다고 나는 단언했을 거야. 그것은 아주 기묘하고 독특해." 마찬가지로, 얼마간 우리의 삶을 충분히 상술했다면, 많은 사람들이 이렇게 말했을 것이다. "그 정도는 아니었을 텐데." 예를 들면, 진정 많은 사람들이 헌팅돈(Huntingdon)의 『신앙의 제방』(Bank of Faith)에 대해 이렇게 말했다. "어허, 그것은 허튼 소리(nonsense)의 제방이야." 그렇지만 나는 그것이 옳으며 그 표면에 진리의 표징들을 지니고 있다고 믿는다. 나는 그가 자신이 쓴 모든 것을 경험했다고 믿는다. 비록 그가 언제나 최고의 방법들로 우리에게 모든 것을 말하지 않았을지라도 말이다. 다른 많은 사람들의 삶도 기록할 수만 있다면 그의 삶만큼이나 무척 놀라울 것이다. 그러므로 하나님의 인자하심에 대해 특별히 여러분 자신에게 말하라. 다른 사람들의 귀가 아니라 여러분 자신의 귀에, 그리고 하나님의 귀에 말하되, 그렇게 할 때면 언제든지,

> 어떤 낯선 사람이 하나님의 양떼를 떠나
> 정처 없이 헤매고 있을 때,
> 예수님이 어떻게 여러분을 찾으셨는지

에 대한 놀라운 이야기를 말하라.

하나님의 은혜가 어떻게 여러분을 그분 자신에게로 이끌었고 또한 영원한 생명으로 이끌었는지를 말하라. 그런 다음, 여러분이 새롭게 태어난 이후로 하나님이 여러분 자신에게 베푸신 하

나님의 인자하심을 노래하라. 하나님의 자비를 기억하라. 그것들을 배은 망덕의 무덤 속에 묻어두지 마라. 그것들이 감사의 빛으로 반짝반짝 빛나게 하라. 나는 이것이 하루 전체를 즐겁게 해줄 복된 아침의 일부라는 것을 여러분이 깨달을 것이라고 확신한다. 시인은 여러분이 그것과 함께 당일을 시작하도록 해줄 것이다. 왜냐하면 여러분은 하루 전체를 더할 나위 없는 하루로 만들 필요가 있을 것이기 때문이다. 진정, 여러분에게는 삶의 모든 날들과 영원이 필요하다. 나는 비록 다음의 표현이 다소 과장적이긴 하지만 애디슨(Addison)의 견해에 대체로 공감한다.

> 아! 그러나 영원은 너무 짧아서
> 주님을 절반만 찬송할 수 없나이다.

여러분은 여러분 앞에 놀라운 주제를 가지고 있는데, 그것은 주님의 인자하심이다. 여러분 자신의 인자하심이 아니다. 그것은 말하기 끔찍한 주제이다. 신자들이 일어나서 자신들의 공적들과 장점들을 뽐내는 것을 들을 때면, 지혜자의 말이 생각난다. "타인이 너를 칭찬하게 하고 네 입으로는 하지 말며 외인이 너를 칭찬하게 하고 네 입술로는 하지 말지니라"(잠 27:2). 무엇보다도, 어떤 사람이 자신은 성화의 진보를 크게 이루었다고 말할 때, 그것은 불쾌감을 주며 분명 그가 겸손이란 말의 의미를 배우지 못했다는 것을 입증한다. 나는 우리 친구들 중 몇 사람의 눈이 열리기를 바라며, 그들이 현재 자신들을 현혹시키는 악마의 고기 덩어리를 싫어하게 되기를 바란다. 영적 자기 기만을 치명적인 죄로서 피하기를 바라며, 우리가 더 이상 그것을 우리 중에서 덕으로서 지지하지 않기를 바란다. 그렇지 않아야 한다. 우리의 입이 우리 자신에 대한 칭찬이 아니라 하나님에 대한 찬양으로 충만하게 하라.

또한 우리의 혀가 언제나 우리의 슬픔으로 점령당하지 않게 하라. 만일 여러분의 집에 해골이 하나 있다면, 왜 여러분은 언제나 여러분을 방문하는 모든 친구에게 그 어울리지 않는 것을 검사해 달라고 간청해야 하는가? 아니, 그렇게 하지 않아야 한다. 대신에 하나님이 여러분을 위해 행하신 것을 말하고 그분의 인자하심에 대해서 말하라. 나는 어떤 목사에 대해서 들은 적이 있는데, 그는 아주 꾸밈없이 자신의 고통과 필요에 대해 자신에게 말했던 가난하고 노쇠한 여인을 종종 방문했다. 나는 그 이야기를 반복해서 말하곤 하는데, 그것은 아주 단순할지라도 반복하는 것이 바람직하기 때문이다. 그는 그녀의 류머티스에 관하여 모든 것을 알고 있었다. 마침내 그는 그녀에게 이렇게 말했다. "친애하는 자매님, 나는 자매님의 심정을 충분히 이해합니다. 그리고 자매님이 불평하는 것을 듣는 것도 전혀 귀찮지가 않습니다. 하지만 때때로 나에게 무언가 주님이 자매님을 위해 하시는 것에 관해 말해 줄 수 없나요? 다시 말하면, 무언가 자매님의 즐거움에 관한 것, 자매님이 고통 중에 있을 때 주님이 어떻게 자매님을 격려하시는지 등에 대해 말해 줄 수 없나요?" 그것은 아주 정곡을 찌르는 질책이었다. 그 후로는 쭉 슬픔에 관한 말보다는 대부분 축복에 관해서 듣게 되었다. 위대하신 하나님, 앞으로는 "아침마다 주의 인자하심을 알리"(시 92:2)기로 작정하자.

이와 같이 우리는 아침이란 시간과 인자하심이란 주제를 살펴보았다. 이제는 그 주제를 다루어야 하는 방식을 살펴볼 차례다. 시인은 우리가 그것을 알려야 한다고 말했다. 그것이 의미하는 바, 우리는 우리가 하나님의 인자하심에 관하여 알고 있는 것을 우리 자신에게 간직해 두지 않아야 함을 뜻한다고 나는 생각한다.

아침에 모든 그리스도인은 무엇보다도 먼저 자신들의 침대에서 하나님 앞에서 그분의 인자하심을 알려야 한다. 그들은 밤의 자비와 자신들의 전 삶의 자비에 대한 감사를 표현해야 한다. 그밖에 가능하다면, 그들은 가족에게 그것을 알려야 한다. 그들을 모이게 하여 주님을 예배하게 하라. 그리고 주님의 인자하심을 송축하게 하라. 그런 다음 그들이 세상으로 들어갈 때, 그들로 하여금 하나님의 인자하심을 알리게 하라. 내가 의미하는 것은 돼지 앞에 진주를 던지듯이 그들이 만나는 모든 사람에게 그것에 대해 말하는 것이 아니라 그들이 말하고 행동하며 보이는 진정한 방식이다.

그리스도인은 사람들 중에서 가장 유쾌한 사람이어야 한다. 그래야 다른 사람들이 이렇게 말할 것이다. "그는 왜 그렇게 행복하지요? 그는 부유하지도, 항상 건강한 것도 아니잖아요. 문제들도 있고요. 그런데도 그는 모든 것을 아주 잘 견디며 명랑하게 인생의 길을 여행해 가는 것 같아요." 우리는 유쾌한 대화로 아침에 하나님의 인자하심을 알려야 한다. 어떤 사람은 이렇게 말한다. "아, 그러나 당신의 마음이 의기소침해질 때는 어떤가요?" 할 수만 있다면, 그렇게 보이지 않도록 하라. 여러분의 주님이 말씀하신 대로 하라. "금식하는 자로 사람에게 보이지 않"게 하려 함이라(마 6:18). 슬픈 표정이 거룩함을 나타낸다고 생각하지 마라. 오히려 그것은 종종 위선을 의미한다. 다른 사람을 격려하기 위해서 자신의 슬픔을 감추는 것은 기독교의 최고 유형인 자기 부정의 동정이다.

우리가 어떤 사람들과 함께 있든지 그들 가운데서 찬양의 제사를 드리자. 그러나 우리가 하나님의 백성 가운데 자리할 때는 전부의 번제를 위한 시간이 있다. 우리와 같은 사람들 중에 있을 때, 우리는 우리의 기쁨의 상자를 안전하게 열 수 있을 것이다. 우리가 주님의 인자하심을 이해할 수 있는 형제를 만나면, 거룩한 기쁨으로 그것을 알리도록 하자. 우리에게는 우리가 경건하지 않은 눈들에는 보일 수 없는 상품 보물들이 있다. 그 눈들은 그 보물들을 정당하게 평가하지 못할 것이기 때문이다. 그러나 우리가 하나님이 열어주신 눈과 마주칠 때, 보물 상자를 열면서 이렇게 말하도록 하자. "형제여, 하나님이 우리를 위해 행하신 일을 기뻐하라. 그분의 종인 나를 향한 그분의 인자하심과, 예로부터 지금까지 있었던 그분의 부드러운 자비들을 보라."

사랑하는 신우 여러분, 그러므로 나는 여러분 앞에 좋은 아침의 일을 제시했다. 만일 하나님의 성령이 우리가 그 일에 정성을 들이는 것을 도우신다면, 우리는 하나님을 찬양하면서 달콤한 향기를 호흡하며 방에서 나오게 될 것이다. 우리는 걱정 없이, 더욱이 화를 내지 않고 세상 속으로 들어갈 것이다. 우리는 조용히 일터로 가서 우리의 일을 조용히 그리고 행복하게 만날 것이다. 주님의 기쁨이 우리의 힘이 될 것이다. 좋은 규칙은 여러분이 하나님의 얼굴을 들여다보기 전까지 아침에 사람의 얼굴을 결코 들여다보지 않는 것이다. 마찬가지의 좋은 법칙은 언제나 여러분이 땅의 일을 하기 전에 하늘의 일을 하는 것이다. 아! 아침에 하나님의 사랑에 잠기는 것은 달콤한 일이다. 하나님의 사랑에 잠기면, 그 결과로 여러분은 여러분을 기쁘게 했던 상아로 만든 친교실에서 나올 때 옷에서 거룩한 몰약과 알로에와 계피 향이 날 것이다.

우리 모두는 이것들에 정성을 들이고 있는가? 나는 우리가 너무나 바쁘거나 너무 늦게 일어나는 것이 걱정된다. 우리는 좀 더 일찍 일어날 수 없는가? 만일 우리가 몇 분만 일찍 침대에서 빠져 나올 수 있다면, 그 몇 분이 하루 전체에 영향을 미칠 것이다. (말로 여행할 때) 마구와 말발굽을 점검하지 않고 여행길에 오르는 것은 언제나 좋지 않다. 마찬가지로, 여행자가 여행을 해갈 때, 점검을 하지 않아서 절약하게 되는 시간은 결국 완전한 손실이 되는 경우가 종종 발생한다. 맨 처음 약간의 부주의 때문에 1분이 아니라 100분을 잃어버리게 될 것이다. 만일 여러분이 하루 전체를 안전하게 보낼 마음이 있다면, 오전 당직(오전 4시부터 8시까지의 당직-역주)을 주의 깊게 배치하라. 만일 여러분이 잘 마칠 마음이 있다면 시작을 잘하라. 그날의 키 조종장치를 여러분이 원하는 방향으로 놓도록 조심하고, 여러분이 항해하는 방향으로 놓도록 조심하라. 그러면 여러분이 진행을 많이 하든 적게 하든, 그것은 바른 방향으로 멀리 갈 것이다. 아침 시간은 대개 그 날의 지표이다.

이제 우리 주제의 두 번째 부분으로 관심을 돌리자. 시인은 "밤마다 주의 성실하심(faithfulness)을 베풂이 좋으니이다"(시 92:2)라고 말했다.

사랑하는 여러분, 밤은 특히 하나님의 충실을 찬송하기에 뛰어난 시간이다. 우리는 "아! 무척 피곤하다"라고 말한다. 그런데 아마도 그럴 수도 있을 것이다. 그러나 우리가 너무 피곤해서 하나님을 찬양하지 못하는 그런 지경에까지 이르는 것은 애석한 일이다. 하나님의 거룩한 한 사람이 있는데, 그는 사람들이 "당신은 기도할 수 있나요?"라고 물을 때면 언제나 이렇게 말하곤 했다. "하나님, 감사해요. 저는 피곤해서 기도하지 못한 적이 결코 없어요." 우리를 깨우는 것이 있을 수 있다면, 그것은 그리스도를 섬김이어야 한다. 우리 안에는 진정으로 기도를 생각하면 흥분될 수 있는 열정이 있어야 한다. 여러분은 이런 이야기를 알지 못하는가? 행군으로 지쳐서 쓰러지기 직전에 있던 군인들이 있었다. 그러나 군악대가 활기찬 멜로디를 연주하여 병사들에게 용기를 북돋아 줌으로써 마지막 몇 마일을 넘어가게 되었다. 만일 후렴의 감동이 없었더라면 그것은 불가능했을 것이다. 하나님을 찬송하는 것을 생각하면서 우리의 지친 활력을 깨우도록 하자. 그리고 하루를 마칠 때 하나님이 받으실 영광을 다른 곳에 빼앗기지 않도록 하자.

하루를 마감하는 시간은 기도(devotion)를 위해 조용하고 평온하며 적합하다. 인간이 타락하기 전, 하나님은 날이 선선할 때 동산을 걸으셨고, 아담은 하나님을 만나러 나갔다. 이삭은 저녁 때 들판을 걸었고, 거기에서 그는 축복을 받았다. 저녁은 하루의 안식 시간이어야 하고 주님의 안식 시간이어야 한다.

이제, 저녁을 위해 정해진 주제에 주목하라. 성실하심. 왜 그런가? 왜냐하면 우리는 우리 하나님을 조금 더 경험했기 때문이다. 우리는 저녁이 될 때 아침에 했던 경험보다 더 많은 경험을 하게 된다. 그러므로 우리는 하나님의 성실하심에 대해 노래할 더 많은 힘을 가지고 있다. 우리는 지금 하루를 회상하여 약속들이 성취된 것을 볼 수 있다. 내가 여러분에게 오늘 하루를 자세히 살펴보라고 요청해도 되겠는가? 여러분은 하나님이 여러분에게 지키신 약속들을 알아차릴 수 있는가? 그렇다면 하나님의 신실하심을 알려라. 하나님이 여러분에게 공급해 주셨다. 하나님은 그것을 주시겠다고 약속하셨고 실제로 그것을 주셨다. 하나님은 여러분을 보호해 주셨다. 여러분이 알고 있는 것 이상으로 무한히 말이다. 하나님은 또한 여러분을 인도해 주셨는데, 만일 그렇지 않았다면 여러분은 여기저기로 수 없이 길을 벗어났을 것이다. 하나님은 여러분이 유혹을 받을 때 붙잡아 주셨을 뿐만 아니라 여러분에게 밝은 빛을 비쳐주셨고 의기소침해 있을 때는 위로해 주셨다. 하나님은 오늘 여러분에게 많은 것을 주셨다. 비록 하나님이 여러분에게서 어떤 것을 가져가셨다 하더라도, 여전히 그분을 송축하라. 그것은 오직 그분이 주신 것이기에 그분에게는 그것을 도로 가져가실 자격이 있다. 하루를 자세히 살펴 보라. 그러면 여러분은 하나님이 행하시겠다고 약속하신 대로 여러분에게 행하셨다는 것을 깨닫게 될 것이다. 여러분은 어려움을 겪었다고 말한다. 하나님은 "세상에서는 너희가 환난을 당하나"(요 16:33)라고 말씀하지 않으셨던가? 하나님은 언약의 지팡이에 관해서 말씀하지 않으셨던가? 고통은 단지 하나님의 성실하심을 예증할 뿐이다.

당일에 성취된 약속들을 주의 깊게 관찰하라. 당일의 특별한 자비들을 되풀이하여 말함으로써 그 날을 마무리하는 것은 좋은 습관이다. 나는 하루의 사건들을 자세하게 일기로 기록하는 것을 신뢰하지 않는다. 왜냐하면 적어두려는 것이 불충분하여 사람에게는 사실이 아닌 것을, 또는 최소한 참되지 않은 것을 기록하는 경향이 있기 때문이다. 일반적으로 나는 신앙일지보다 더 과장되거나 신뢰할 수 없는 것은 없다고 생각한다. 그것은 쉽사리 자기 기만에 빠지고 만다. 그럼에도 불구하고 비록 매일은 아니라 하더라도, 대부분의 날은 유례없는 섭리의 예들을 보여준다. 만일 우리가 그것들을 인정하려고 한다면 말이다. 플레이블 님(Master Flavel)은 "섭리에 주목하는 사람은 반드시 주목할 섭리가 있을 것이다"라고 말했다. 나는 우리가 우리의 날들이 살그머니 우리 곁을 지나가게 함으로써 그 안에 있는 놀라운 일들을 주목하지 못하며, 그러므로 많은 즐거움을 놓친다고 생각한다. 무지한 사람은 들꽃들의 아름다움을 거의 보지 못한다.

> 강 언저리에 핀 달맞이꽃,
> 그건 그 강에 노란 달맞이꽃이네.
> 그리고 그건 그 이상 아무 것도 아니네.

사고가 부족하기 때문에 우리는 큰 자비들을 놓친다. 그것들은 우리에게 시시한 것들이고 그 이상 아무 것도 아니다. 아! 우리의 방식들을 바꾸고 하나님이 행하신 일을 더 많이 생각하자. 그러면 우리는 매일 밤 하나님의 성실하심에 관한 노래를 부르게 될 것이다.

여러분은 본문에서 "마다"(every)라는 말에 주목하는가? 우리가 앞에서 살펴본 "아침마다(in the morning) 주의 인자하심을 알리며"는 "아침마다(every morning) 주의 인자하심을 알리며"라고 말하지 않는다(우리말 성경에는 "아침마다"로 번역이 되어 있지만 영어 성경에는 "아침에"[in the morning]로 번역되어 있다. 그러나 영어 성경에서 "밤마다"는 every night로 번역되어 있다-역주). 전혀 그렇게 말하지 않는다. 그것은 밤에 관해 매우 분명하다. "밤마다 주의 성실하심을 베풂이 좋으니이다." 그것은 추운 밤이다. 그는 겨울을 약속했는가? 지금 겨울이 와 있다. 추위는 단지 그분의 성실하심을 입증할 뿐이다. 그것은 어두운 밤이다. 그러나 그것은 낮이 있어야 하는 것과 마찬가지로 밤도 있어야 하는 하나님의 언약의 일부분이다. 밤도 없었고 겨울도 없었다고 상상해 보라. 하나님이 땅과 맺은 언약은 어디에 있을 것인가? 그러나 매해 아름다운 계절에 이는 기온의 모든 변화는, 그리고 빛과 어둠의 모든 변화는 단지 하나님의 성실하심을 예증할 뿐이다. 만일 여러분이 지금 기쁨으로 충만해 있다면, 여러분은 하나님이 여러분에게 사랑과 자비를 베푸실 때 하나님의 성실하심에 대해 말할 수 있다. 그러나 다른 한편으로, 만일 여러분이 어려움으로 가득 차 있다면, 하나님의 성실하심을 말하라. 왜냐하면 지금 여러분은 그것을 입증할 기회를 가지고 있기 때문이다. 하나님은 여러분을 떠나지 않으실 것이다. 그분은 여러분을 버리지도 않으실 것이다. 하나님의 말씀이 이렇게 증언한다. "네가 물 가운데로 지날 때에 내가 너와 함께 할 것이라 강을 건널 때에 물이 너를 침몰하지 못할 것이며"(사 43:2). 틀림없이, 이 약속은 성실하게 이루어질 것이다.

사랑하는 신우 여러분, 늙어가고 있고 또 인생의 밤에 가까워지고 있는 여러분, 여러분은 특히 주님의 성실하심을 알리기에 잘 어울린다. 젊은이들은 그분의 인자하심에 대해 말해도 좋을 것이다. 그러나 노인들은 그분의 성실하심에 대해 말하지 않으면 안 된다. 여러분은 하나님이 사십 년 또는 오십 년 동안 여러분에게 베푸신 그분의 은혜를 말할 수 있다. 그리고 여러분은 확신 있게 하나님의 은혜가 한 번도 여러분을 실망시킨 적이 없다고 단언할 수 있다. 하나님은 자신이 하신 모든 말씀에 신실하셨다. 그러므로 여러분의 간증을 억누르지 말라고 나는 강권한다. 만일 젊은이들이 침묵한다면, 그들은 죄를 범하는 것이다. 하지만 그들은 다음에 말할 수도 있을 것이다. 그러나 나이든 그리스도인들인 여러분이 침묵하는 것은 진정 죄가 된다. 왜냐하면 여러분은 이 세상에서 하나님의 성실하심을 알릴 다른 기회를 얻지 못할 것이기 때문이다. 여러분이 죽어 눈이 감기기 전 지금 증언을 하라! 밤마다 하나님의 성실하심은 나이가 든 하나님의 종들에게 훌륭한 주제이다.

하나님의 성실하심을 알리는 것은 진실로 우리의 중대한 본분이다. 사랑하는 여러분이여, 하나님의 성실하심을 사방에 알리도록 하자. 나는 때때로 이 세상에는 성도들의 최종적인 견인 (the final perseverance of the saints)의 교리에 관해 어느 정도 의심들이 있을 것이라고 생각한다. 나는 의심들이 있는 이유는 다음과 같다고 생각한다. 기독교 신앙을 고백한 다음에 타락하는 사람들은 매우 눈에 잘 띄며, 모든 사람이 그들에 대해 알고 있다. 만일 한 야심적인 신자가 자신의 자랑거리를 부당한 목적으로 삼는다면, 그 때는 그것을 여기 저기에 알린다. 그들은 가드(Gath-고대 팔레스틴에 있었던 한 도시로 거인 골리앗이 태어난 곳-역주)에서 그것에 대해서 말하며, 아스글론 (Askelon) 거리에서 그것을 알린다(삼하 1:20을 보라).

다른 한편으로, 물론 자신들의 진로에 계속 남아 있는 수많은 참된 신자들은 자신들에 대해 많은 것을 말할 수 없다. 그들이 자신들에 대해 많은 것을 말하는 것은 옳지 않을 것이다. 그러나 나는 그들이 때때로 배교자들이 미치는 영향을 저지하는 사람들이 되어 하나님의 다함없는 은혜(goodness)와 변치 않는 성실하심에 대해 더 많은 것을 말할 수 있기를 바란다. 그 때에 세상은 주님께서 자신이 미리 알고 계신 자신의 백성을 버리지 않으시고 그들이 까무러칠 때조차도 그들에게 힘을 주시며, 그들을 끝까지 인도하신다는 것을 알 수 있을 것이다. 만일 그리스도인들이 감사한 마음으로, 용감하게, 적극적으로 그리고 계속해서 말해야 하는 한 가지 주제가 있다면, 그것은 자신들에 대한 하나님의 성실하심이다. 사탄이 유혹을 받는 많은 사람들의 마음에서 전적으로 겨냥하는 것이 바로 그것이다. 그러므로 여러분은 여러분의 간증의 힘을 하나님의 성실하심에 집중시켜야 한다. 그렇게 함으로 고난을 견뎌낸 성도들은 하나님이 자신의 백성을 버리지 않으신다는 것을 알게 될 것이다.

우리 자신의 지역 회중들의 일부로서, 합심해서 하나님께서 얼마나 성실하셨는지를 나타내자! 하나의 교회로서의 메트로폴리탄 태버너클(Metropolitan Tabernacle) 교회의 역사는 매우 놀라웠다. 우리가 숫자적으로 얼마 안되고 연약할 때, 버림받고 낙담하게 되었을 때, 하나님이 우리를 위해 나타나셨다. 그때부터 우리는 번영하기 시작했고 또한 기도하기 시작했다. 그것들은 진정 기도였다! 의심할 바 없이, 우리가 기도하면 할수록, 하나님은 우리를 더욱 축복하셨다. 우리는 현재 거의 20년 동안 간단없이 축복을 받아왔다. 한번에 이루어지거나 순간적으로 부흥했다가 쇠퇴하는 일이 없이 우리는 꾸준하게 성장했다. 레바논의 백향목이 자라는 것처럼, 하나님의 이름으로 그것은 일정하고도 계속적인 진행이었다. 지금까지 하나님은 언제나 이곳에서 기도를 들어주셨다. 우리를 수용하는 바로 그 건물은 기도의 응답이다. 그와 관련된 거의 모든 기관의 현수막에는 다음과 같이 쓰여 있었다. "기도를 들으시고 응답하시는 하나님이 우리를 축복하셨다." 기도하는 것은 우리의 습관이 되었고, 우리를 축복하시는 것은 하나님의 습관이다.

아! 우리가 지쳐서 기도를 중단하거나 찬양을 중단하는 일이 없도록 하자. 만일 우리가 그렇게 된다면, 우리는 하나님 안이 아니라 우리 자신들 안에 한계가 설정될 것이다. 하나님은 자기 자신이 정하신 방법으로 우리가 자신을 나타내는 동안 우리를 떠나지 않으실 것이다. 만일 우리가 꾸준히 성실한 중보와 감사에 머무르려고 한다면, 우리 지역 교회들은 동일하거나 더 큰 번영의 해를 많이 누리게 될 것이다. 만일 그것이 그렇게 하나님을 기쁘시게 하는 것이라면 말이다. 우리는 예배를 드리도록 사람들을 모으기 위해 세속적인 인기거리들을 사용하지 않았다. 우리는 정교한 음악, 좋은 옷, 그림을 그려 넣어 다채로운 창문들, 행렬 등에 의해 그들의 취향을 만족시킬 만한 것을 아무 것도 조달하지 않았다. 우리는 미사여구를 전혀 사용하지 않고 한 사람이 친구에게 말하듯이 예수님의 복음을 사용하여 간결하게 말했다. 하나님은 그것을 축복하셨고 여전히 그것을 축복하실 것이다.

그러므로 친애하는 신우 여러분들이여, 여러분 각자는 하나님은 성실하셨다고 교회에게 뿐만 아니라 여러분 자신들에게 말할 수 있다. 여러분의 자녀들에게 그것을 말하라. 하나님은 죄인들이 자신에게 올 때 그들을 구원하실 것이라고 그들에게 말하라. 왜냐하면 하나님은 여러분을 구원하셨기 때문이다. 여러분의 이웃에게 그것을 말하라. 하나님은 성실하시며, 그래서 만일 우리가 우리의 죄를 하나님께 고백하면 그것들을 용서하시고 우리를 모든 불의에서 구원하신다고 그들에게 말하라. 왜냐하면 하나님은 여러분을 용서하셨기 때문이다(요일 1:9를 보라). 여러분이 만나는 떨고 있는 모든 사람들에게 예수님은 절대로 자신에게 오는 사람을 버리지 않으실 것이라고 말하라(요 6:37을 보라). 만일 그들이 찾으면, 그들은 찾을 것이요, 두드리는 모든 사람에게 자비의 문이 열릴 것이라고 구하는 모든 사람들에게 말하라(마 7:7-8을 보라). 가장 풀이 죽어 있고 또 절망하는 사람들에게, 예수 그리스도는 죄인들, 심지어는 죄인중의 괴수까지도 구원하기 위해 세상에 오셨다고 말하라(딤전 1:15를 보라). 밤마다 하나님의 성실하심을 알려라.

마침내, 여러분의 마지막 밤이 올 때, 그리고 야곱과 같이 여러분의 발을 침상에 모으고 숨을 거둘 때, 여러분의 마지막 간증을 주님의 성실하심에 집중시켜라. 노년의 여호수아와 같이 영예롭게 여러분의 인생을 다음과 같이 말하면서 끝내라. "너희의 하나님 여호와께서 너희에게 대하여 말씀하신 모든 선한 말씀이 하나도 틀리지 아니하고 다 너희에게 응하"였도다(수 23:14). 친애하는 신우 여러분, 주님께서 여러분을 축복하시고 여러분 모두가 그분의 인자하심과 성실하심을 알게 하시기를 바란다. 아멘, 아멘.

4장 | 받으실만한 찬송과 서원

> 하나님이여 찬송이 시온에서 주를 기다리오며
> 사람이 서원을 주께 이행하리이다
> 기도를 들으시는 주여
> 모든 육체가 주께 나아오리이다.
> (시 65:1-2)

희생 제사를 위해 하나님께 바쳐진 제단 하나가 시온에 세워졌다. 하나님이 선지자들에게 규정을 깨라고 명령하실 때를 제외하고, 번제는 오직 거기에서만 드려야 했다. 높은 곳에서 하나님을 예배하는 것은 다음에 나오는 하나님의 명령과 정반대였다.

> 너는 삼가서 네게 보이는 아무 곳에서나 번제를 드리지 말고 오직 너희의 한 지파 중에 여호와께서 택하실 그 곳에서 번제를 드리고 또 내가 네게 명령하는 모든 것을 거기서 행할지니라.(신 12:13-14)

따라서 요단 건너편에 있던 지파들은 그들이 기념 제단을 세울 때 희생제사를 드릴 목적으로 그 제단을 사용할 모든 의도를 거절했다. 그들은 분명하게 이렇게 말했다.

> 우리가 번제나 소제나 다른 제사를 위하여 우리 하나님 여호와의 성막 앞에 있는 제단 외에 제단을 쌓음으로 여호와를 거역하고 오늘 여호와를 따르는 데에서 돌아서려는 것은 결단코 아니라.(수 22:29)

이 고대의 예표를 따를 때, 우리에게도 "제단이 있는데 장막에서 섬기는 자들은 그 제단에서 먹을 권한이 없"다(히 13:10). 유물론적 의식주의(materialistic ritualism)를 지키는 자들은 우리의 영적 예배를 침해하지 못할 것이다. 그들에게는 우리의 영적 제단에서 먹을 권한이 없으며, 그들이 먹고 영원히 살 수 있는 다른 제단은 없다. 단 하나의 제단만 있을 뿐인데, 그 제단은 우리 주 예수 그리스도이다. 다른 모든 제단은 가짜이며 우상 숭배적 고안이다. 돌이든, 나무이든, 아니면 놋쇠이든, 그것들은 유대교의 보잘 것 없는 요소들에로 되돌아간 사람들이 가지고 노는 장난감들이거나, 아니면 성직자 노릇을 하는 협잡꾼들이 사람들의 아들들과 딸들을 속이는 장치들이다.

사람의 손으로 만든 거룩한 곳들은 지금은 폐지되었다. 그것들은 한때 참된 것의 상징들이었지만, 지금은 그 본질인 예수 그리스도가 오셨고, 그 예표는 필요 없게 되었다. 하나님이시면서 인간이신 구속자 예수 그리스도의 모든 영광스런 인격(person)은 시온 성전의 주된 중심이며 희생 제사의 오직 하나뿐인 참된 제단이다. 예수 그리스도는 교회의 머리요 교회의 심장이요 교회의 제단이요 제사장이요 모든 것이 되시는 분이다. "그에게 모든 백성이 복종하리로다"(창 49:10). 우리 모두는 그분 주변으로 모인다. 이스라엘의 지파들이 광야에서 주님의 성막 주변으로 모였던 것처럼 말이다.

교회가 함께 모일 때, 우리는 그것을 시온산의 이스라엘 회중에 비겨도 좋을 것인데, 주님의 지파들은 그곳에 올라가 공공연히 이스라엘의 신앙을 고백했다. 그들은 거기에서 각각 개별적인 예배자가 아니라 모든 예배자가 하나가 되어 큰 목소리로 노래를 불렀다. 찬송이 하늘로 올라갈 때, 그것은 각 사람의 찬송일 뿐만 아니라 모든 사람의 찬송이었다. 그러므로 그리스도가 중심인 곳, 그리스도의 한 번의 희생 제사가 모든 제물들이 놓여져 있는 제단인 곳, 그리고 교회가 그 한번의 희생제사를 기뻐하면서 그 공통의 중심 주변으로 하나가 되는 곳, 바로 그 곳에서 우리는 참된 시온을 발견한다. 만일 그리스도의 이름으로 그분이 단번에 완성하신 제사 주변으로 모이는 우리가 예수 그리스도를 통하여 우리의 기도와 찬양을 주님께 온전히 드린다면, 우리가 이른 곳은 "시온 산과 살아 계신 하나님의 도성인 하늘의 예루살렘과 천만 천사와 하늘에 기록된 장자들의 모임과 교회와 만민의 심판자이신 하나님과 및 온전하게 된 의인의 영들"이다(히 12:22-23). 이곳이 시온이며. 심지어는 이방인들의 손이 닿지 않는 섬에 있는 이 집조차도 시온이다. 우리는 진정 "하나님이여 찬송이 시온에서 주를 기다리오며 사람이 서원을 주께 이행하리이다"(시 65:1)라고 말할 수 있다.

경건한 마음을 가지고 주의하면서, 우리는 두 가지에 주목할 것이다. 첫째는 우리의 거룩한 예배인데, 그것은 우리가 드리기를 바라는 예배이다. 둘째는 하나님이 우리에게 해주시는 기운을 돋우는 격려이다. "기도를 들으시는 주여 모든 육체가 주께 나아오리이다"(시 65:2). 먼저, 우리가 하나님께 드리기를 바라는 예배의 거룩한 드림을 살펴보도록 하자. 그것은 두 요소가 있는데, 하나는 찬송이고 다른 하나는 서원이다. 즉 기다리는 찬송과 이행을 약속한 서원이다.

우선, 찬송에 대해 생각해 보자. 이것은 하늘의 경배의 주된 요소이다. 그 영광의 세계에 합당하다고 여겨지는 것이 땅의 예배의 주된 부분이 되는 것은 당연하다. 비록 우리가 여기 이 땅에서 살아가면서 아주 많은 필요에 둘러 쌓이는 한에서 결코 기도하기를 중단하지 않을지라도, 우리는 결코 우리가 찬양하는 것을 잊어버리는 방식으로 기도하지 않아야 한다. 우리가 필요에 몰려 급히 "오늘날 우리에게 일용할 양식을 주옵"소서(마 6:11)라고 외친다고 해서 "나라가 임하시오며 뜻이 하늘에서 이루어진 것 같이 땅에서도 이루어지이다"(마 6:10)라는 기도를 결코 빠뜨려서는 안 된다. 교회의 예배가 단지 엄숙한 울부짖음이 될 때, 그것은 슬픈 시간이 될 것이다. 기뻐 뛰는 감사의 노래가 언제나 교회의 엄숙한 집회에서 들려야 한다. "예루살렘아 여호와를 찬송할지어다 시온아 네 하나님을 찬양할지어다"(시 147:12). "할렐루야 새 노래로 여호와께 노래하며 성도의 모임 가운데에서 찬양할지어다 이스라엘은 자기를 지으신 이로 말미암아 즐거워하며 시온의 주민은 그들의 왕으로 말미암아 즐거워할지어다"(시 149:1-2). 해와 달이 계속 존재하는 동안에, "하나님이여 찬송이 시온에서 주를 기다리오며"(시 65:1)가 무궁한 정례 의식으로 지속되게 하자. 거룩한 천사들과 성도들이 찬송을 자신들의 평생의 기쁨으로 완전하게 만들었기 때문에, 절대로 찬송을 무시하지 말라. 주님 자신도 "감사(praise)로 제사를 드리는 자가 나를 영화롭게 하나니"(시 50:23)라고 말씀하셨다.

우리 중에는 찬송을 공공 예배의 일부로 경시하려는 성향이 있어왔지만, 그러나 그것은 가장 중요한 것이어야 한다. 우리는 자주 기도 모임에 대해서는 듣지만, 찬양 모임에 대해서는 듣지 못한다. 우리는 기도를 위한 일정한 시간을 따로 떼어놓음으로써 기도의 의무를 인정한다. 그러나 항상 그와 같이 찬양의 의무를 인정하는 것은 아니다. 나는 "가족 기도"에 대해서는 듣지만, 지금까지 "가족 찬양"에 대해서는 들어본 적이 없다. 나는 여러분이 개인 기도에 몰두한다는 것을 알고 있다. 그러면 개인적으로 감사하는 일과 은밀하게 주님을 경배하는 일에도 마찬가지로 부지런한가? 우리는 범사에 감사해야 한다(살전 5:18을 보라). 그것은 다음의 말씀과 마찬가지로 성경의 가르침이다. "다만 모든 일에 기도와 간구로, 너희 구할 것을 감사함으로 하나님께 아뢰라"(빌 4:6).

나는 종종 기도와 찬송은 공기를 마시고 내쉬는 호흡과 같으며, 그것들은 악기로 내면생활을 지원하는 영적 호흡을 벌충한다고 말해 왔다. 우리는 기도할 때 하늘의 공기의 감화를 들이마신다. 그리고 우리는 그것이 본래 온 곳인 하나님을 향해 찬송으로 내쉰다. 그러므로 만일 우리가 영적으로 건강하려면, 감사를 많이 하도록 하자. 나무의 뿌리처럼, 기도는 영양분을 찾아 그것을 얻는다. 그리고 열매처럼, 찬송은 포도원 주인에게 소득을 준다. 기도는 우리 자신을 위한 것이다. 그러나 찬송은 하나님을 위한 것이다. 너무 이기적인 나머지 하나는 많은 데 다른 하나는 부족하게 되는 일이 절대로 없도록 하자. 찬송은 우리가 받아 누리는 무한한 은총에 대해 아주 조금 답례하는 것이다. 우리의 최고의 음악으로, 경건한 영혼의 음악으로 그것에 답례하는데 태만하지 말자. "여호와를 찬송하라 여호와는 선하시며 그의 이름이 아름다우니 그의 이름을 찬양하라"(시 135:3).

우리의 본문이 언급하는 찬송에 주목하자. 찬송은 성도들이 함께 모일 때마다 하나님의 시온에 큰 관심사임에 틀림없다. 여러분은 먼저 그것은 오직 하나님께 드려진 찬송이라는 것을 알아차릴 것이다. "하나님이여 찬송이 시온에서 주를 기다리오며." 모든 찬송은 하나님을 위한 것이기를 바란다. 사람을 위한 찬송은 없으며, 찬송을 받을 만하다고 여겨지거나 찬송을 받을 만한 체 하는 다른 어떤 존재를 위한 찬송은 없다. 하나님의 참된 교회의 찬송은 하나님께, 오직 하나님께만 들려져야 한다.

나는 우리가 예배를 드릴 때 너무나 자주 우리 자신을 만족시키는 것은 아닌가 염려된다. 우리가 노래의 내용보다 그것의 가락과 방식을 더 중요하게 생각할 때, 우리는 그렇게 하고 있는 것이다. 나는 우리가 오르간과 찬양대 그리고 독창하는 사람들이 회중을 대신하여 찬송하게 하는 곳에서, 사람들의 마음은 홀로 찬송을 받으실 주님보다도 음악의 연주에 더 여념이 없지나 않을까 염려된다. 하나님의 집은 그분 자신을 모시도록 되어있지만, 너무나 자주 그것은 오페라 하우스가 되며, 그리스도인들은 예배드리는 회중이 아니라 청중이 된다. 아주 조심하지 않는다면, 비록 복음의 담백한 맛이 나지 않는 모든 것을 차단한다 할지라도, 가장 간결한 예배 중에도 같은 일이 벌어질지 모른다. 왜냐하면 그럴 경우에 우리는 꾸벅꾸벅 졸면서도 전혀 마음에도 없는 말과 가락을 점잔빼며 길게 늘여 이야기할 것이기 때문이다. 영혼으로 노래하는 것은 (하나님이) 받으실 만한 단 하나의 찬송을 드리는 것이다. 우리는 우리 자신을 즐겁게 하거나 우리의 멜로디의 힘을 과시하거나 또는 조화를 이루는 우리의 능력을 과시하기 위해서 함께 모이는 것이 아니다. 우리는 크신 왕이신 하나님의 발판에서 그분을 경배하러 오는데, 영광은 오직 영원히 그분께만 있다. 참된 찬송은 하나님을 위한 것이며 오직 하나님만을 위한 것이다.

무엇보다도, 여러분은 함께 찬송하기를 거부하려고 하는 사역자를 여러분 가운데 신격화된 사람(demi-god)으로 세우지 않도록 주의해야 한다. 강단보다 더 높이 보라. 그렇지 않으면 여러분은 실망하게 될 것이다. 사람의 팔 위를 보라. 그렇지 않으면 여러분은 완전히 실망하게 될 것이다. 우리는 이 땅에서 최고의 설교자에 대해 다음과 같이 말해도 좋을 것이다. "하나님께 찬송을 드리세요. 왜냐하면 이 분도 죄인이라는 사실을 우리는 알고 있기 때문이죠." 만일 여러분이 우리에게 미신적으로 경의를 표한다고 여겨지면, 우리는 바울과 실라처럼 우리들 옷을 잡아 찢으면서 이렇게 외칠 것이다.

> 여러분이여 어찌하여 이러한 일을 하느냐 우리도 여러분과 같은 성정을 가진 사람이라 여러분에게 복음을 전하는 것은 이런 헛된 일을 버리고 천지와 바다와 그 가운데 만물을 지으시고 살아 계신 하나님께로 돌아오게 함이라.(행 14:15)

우리가 부르는 찬송 중에 결코 어느 곳으로도 올라가지 못하는 것이 있다고 하는 것은 염려스러운 일이다. 그것은 찬송이 바람에 흩어지는 것과 같다. 우리가 항상 하나님을 믿고 경험하는 것은 아니다. "믿음이 없이는 하나님을 기쁘시게 하지 못하나니 하나님께 나아가는 자는 반드시 그가 계신 것과 또한 그가 자기를 찾는 자들에게 상 주시는 이심을 믿어야 할지니라"(히 11:6). 이것은 기도뿐만 아니라 찬송에 대해서도 사실이다. "하나님은 영이시니 예배하는 자가 영과 진리로 예배할지니라"(요 4:24). 왜냐하면 "아버지께서는 자기에게 이렇게"(23절) 찬송하는 자들을 찾으시기 때문이다. 만일 우리가 우리의 눈과 우리의 심장을 위로 그분께 향하게 하지 않는다면, 우리는 말을 오용하고 시간을 낭비하고 있는 것에 지나지 않는다. 우리의 찬양은 경건하게 그리고 진정으로 만군의 주님께 향하지 않으면 안 된다. 과녁 없이 화살을 당기는 것은 헛되다. 우리는 거룩한 노래들을 부를 때 오직 하나님께 영광을 돌리는 것에 초점을 맞추어야 한다.

다음으로, 찬송은 반복되어야 한다는 것에 주목하라. "하나님이여 찬송이 시온에서 주를 기다리오며." 어떤 번역자들은 그 주된 개념은 연속의 개념이라고 생각한다. 그것은 머무르고 거한다. 그래서 시온은 회중이 떠날 때도 해산하지 않는다. 우리는 그 건물 안에 거룩을 두고 가지 않는다. 왜냐하면 그것은 결코 석재와 목재에 있지 않고 오직 신자들의 살아 있는 모임에 있었기 때문이다.

> 예수님, 주님의 백성들이 모이는 곳마다,
> 거기에서 주님의 속죄소를 봅니다.
> 그들이 주님을 찾는 곳은 어디서나 주님을 발견합니다.
> 그래서 모든 곳이 거룩한 곳입니다.
>
> 주님은 건물 벽안에 갇혀 계시지 않으시고,
> 겸손한 마음에 거하시기 때문입니다.
> 그런 사람들은 자신들이 오는 곳으로 주님을 모셔오고,
> 갈 때는 자신들의 집으로 주님을 모십니다.

하나님의 백성이 결코 교회가 되기를 그만두지 않는 한에서, 그들은 공동체로서 주님을 찬송하는 것을 영원히 계속해야 한다. 그들의 모임은 찬송과 함께 시작하여 찬송과 함께 끝나야 하며, 언제나 변함없이 찬송의 영으로 인도함을 받아야 한다. 우리의 모든 모임에는 언제나 "향을 만드는 법대로" "정결한 향"(출 37:29)으로 향을 피우는 영적 향의 제단이 있어야 하며, 겸손, 감사의 마음, 사랑, 헌신 그리고 주님 안에 있는 거룩한 기쁨으로 이루어지는 감사가 있어야 한다. 그것은 오직 주님만을 위해 있어야 하며, 낮이건 밤이건 결코 꺼지지 않아야 한다.

"하나님의 인자하심은 영원하다"(시 136:1). 그래서 우리의 찬송은 영원히 지속되어야 한다. 하나님은 새벽을 기쁘게 하신다. 태양이 솟아오르는 것을 거룩한 시와 찬송으로 축하하자. 하나님은 저녁이 오는 것을 기쁘게 하신다. 하나님께 우리의 저녁 찬송을 드리자. "대대로 주께서 행하시는 일을 크게 찬양하며 주의 능한 일을 선포하리로다"(시 145:4). 만일 하나님의 인자하심이 그친다면, 우리의 찬양을 그만 두는 것에 대한 변명의 여지가 있을지도 모른다. 그러나 설령 그와 같이 여겨지는 상황에 있다할지라도, 주님을 사랑하는 사람들은 다음과 같이 기쁘게 말할 것이다. "우리가 하나님께 복(good)을 받았은즉 화(evil)도 받지 아니하겠느냐…주신 이도 여호와시요 거두신 이도 여호와시오니 여호와의 이름이 찬송을 받으실지니이다"(욥 2:10; 1:21).

우리의 찬송이 거하고 계속되고 머무르며 영속적이 되게 하

자. 그것은 파라 주교(Bishop Farrar)의 개념이었는데, 그는 자신의 집에서 계속적으로 하나님을 찬송하곤 했다. 그는 스물 네 명이나 되는 대가족을 거느리고 있었는데, 그 때 그는 자신이 예배의 띠로 하루를 졸라맬 수 있도록 각 사람을 매일 한 시간씩 정하여 기도와 찬양에 몰두하게 했다. 우리는 그렇게 할 수 없을 것이다. 그렇게 하려고 시도하는 것은 우리 눈에는 맹신적인 것으로 보일 것이다. 그러나 하나님을 송축하면서 잠자리에 드는 것, 밤에 일어나 그분을 묵상하는 것 그리고 아침에 잠에서 깰 때 우리들 심장이 그날 하나님의 임재를 기대함으로 뛰는 것을 느끼는 것, 그것은 우리가 이를 수 있는 것이다. 우리는 그것에 이르려고 노력해야 한다.

새들이 노래하고, 꽃들이 하늘을 향기로 가득 채우며, 햇빛이 땅을 성원하는 것과 같이, 영혼은 온 종일 여가를 즐기고 기분 전환을 하면서 자발적으로 찬송을 쏟아놓는 것이 아주 바람직하다. 우리는 육신과 피에 새겨진 화육의 찬송(incarnate praise)이 될 것이다. 우리는 이 즐거운 본분을 멈추고 싶지 않을 것이며 멈추게 해달라고 요구하지도 않을 것이다. "하나님이여 찬송이 시온에서 주를 기다리오며." 여러분에 대한 칭찬은 모든 것이 썰물과 밀물처럼 밀려왔다가 밀려가는 외부 세상으로부터 잠시 왔다가 금새 가버릴 것이다. 왜냐하면 그 세상은 달의 지배를 받으며, 그 안에는 안정성이 없기 때문이다. 그러나 하나님 안에 거하며 영생을 지니고 있는 하나님의 백성의 한 복판에는 하나님에 대한 찬송이 영원히 거해야 한다.

다른 한편으로, 세 번째 요점은 그 말씀의 표면에 분명하게 드러나 있다. "찬송이 주를 기다리오며"라는 말씀은, 찬송은 겸손해야 함을 넌지시 알려준다. 신하들은 왕의 궁전에서 "기다린다." 전령들은 임무를 수행할 채비를 하고서 거기에 서 있다. 시중을 드는 사람들은 순종할 준비를 하고서 기다린다. 그리고 궁정에 출사하는 조신들(courtiers)은 왕좌를 둘러싼 채로 오로지 왕의 웃음을 받고 주요 명령을 수행하기 위해 눈이 빠지게 기다린다. 우리의 찬송은 전령들의 줄처럼 하나님의 뜻이 무엇인지를 듣기 위해 기다리면서 서 있어야 한다. 왜냐하면 그것이 하나님을 찬송하는 것이기 때문이다.

게다가, 참된 찬송은 실제로 하나님의 뜻을 행하는데 있는데, 심지어는 말씀하시는 것이 무엇이든 우리 주님이 말씀하실 때까지 경건한 마음으로 멈추어 서는 것조차도 그 뜻에 포함된다. 철저히 순종하는 마음으로 하나님을 기다리는 것이 참된 찬송이다. 찬송을 자기 주인의 명령에 기꺼이 순종하는 종으로 간주해도 좋을 것이다. 하나님과의 믿음이 없는 친밀함이란 것이 있다. 이 시대는 이전 시대만큼 하나님과의 친밀함에 빠져들 것 같지 않다. 왜냐하면 요즈음은 하나님과의 어떠한 친밀함도 거의 (찾아볼 수) 없기 때문이다. 공공 예배는 더 형식적(formal)이 되었고 장중해졌으며 서먹서먹해졌다. 우리는 루터가 누렸던 하나님과의 강한 친밀감을 결코 경험하지 못한다! 그러나 설령 우리가 하나님께 가까이 간다할지라도, 그래도 그분은 하나님이시며, 우리는 그분의 피조물이다. 진정, 하나님은 "우리의 아버지"이시지만 "하늘에 계신 우리 아버지"(마 6:9)이시라는 것을 늘 기억하자. "우리 아버지." 그러므로 그분은 가깝고 친밀하다. "하늘에 계신 우리 아버지." 그러므로 우리는 그분 앞에서 겸손히 그리고 엄숙하게 고개 숙여 경배한다. 뻔뻔스럽게 되는 친밀함이 있다. 반면에 겸손으로 상냥하게 진정되어 뻔뻔함이 끼어 들지 못하는 친밀함이 있다. "찬송이 주를 기다"린다. 종의 복장을 하고, 종의 귀로 듣고 그리고 종의 마음으로 순종하면서 말이다. 찬송은 자신이 늘 무익한 종이라고 느끼면서 주님의 발판에서 고개 숙여 절한다.

그러나 친애하는 신우 여러분, 아마도 여러분은 이 구절에 대한 다른 번역들이 있다는 것을 알고 있을 것이다. "찬송이 주를 기다리오며"를 "찬송이 주님께 잠잠하며"나 "찬송이 주님 앞에서 잠잠하며"로 읽어도 좋을 것이다. 가장 오래된 로마 카톨릭 교회의 주석가들 중 한 사람은 그것을 이렇게 번역했다. "찬송과 침묵은 주님께 속한다." 내가 들은 바, 스페인 왕 성경(the king of Spain's Bible)에는 다음과 같이 번역되었다고 한다. "여호와여, 천사들의 찬송은 다만 주님 앞에서 침묵일 뿐이니이다." 우리가 최선을 다한 후, 우리의 최고의 찬송은 하나님 앞에서 침묵하는 것일 뿐이며, 우리는 결점들을 고백하면서 그분을 찬송해야 한다. 아! 우리의 시인이 말하듯이, 우리도 다음과 같이 말할지도 모른다.

주님의 찬송은 그분의 천둥처럼 크게 울려 퍼지며,
그분의 보좌만큼 높이 울린다.

그러나 우리는 그렇게 할 수 없다. 우리의 가락이 가장 고양되고 우리의 심장이 가장 기뻐할 때, 우리는 주님의 모든 장점들을 말하지 못했다. 주님의 본성과 영광이 받으실 만한 것에 비하면, 우리의 가장 진지한 찬송도 침묵에 지나지 않는다. 아! 여러분은 종종 그렇게 느끼지 않았는가? 형식적인 예배에 만족한 사람들은 자신들이 정확하게 노래를 불렀을 때 잘 했다고 생각한다. 그러나 영으로 하나님을 예배하는 사람들은 자신들이 그분을 충분히 찬송할 수 없다고 느낀다. 그들은 자신들이 부르는 찬송을 부끄럽게 생각하며, 자신들이 그분의 영광에 훨씬 못 미친 것을 슬피 말하면서 성도들의 모임을 떠나간다.

아! 넓은 마음을 가진 사람은 하나님의 신령한 위엄을 바르게 이해한다. 다음으로, 말의 은사가 있는 사람은 적절한 언어로 생각을 표현한다. 그밖에, 많은 물 같이 큰 소리를 지닌 사람은 웅장한 소리를 낸다. 아, 지금까지는 우리가 다음과 같이 찬송하고 싶은 대로 주님을 찬송하지 못해서 실망이 되었다!

말은 공기에 지나지 않고,
혀는 진흙에 지나지 않으며,
주님의 궁휼은 아주 훌륭하나이다.

그러면 우리는 어떻게 사람들에게 하나님의 영광을 선포할 것인가? 우리가 최선을 다한 후, 우리의 찬양은 그분의 인자하심의 공덕과 위대하심의 위엄 앞에서 침묵하는 것뿐이다. 그래도 하나님이 받으실 만한 찬송에는 여러 가지 형태가 있다는 것을 여기서 주목하는 것도 바람직할 것이다. 시온에는 (말로 하는) 하나님을 위한 찬송이 있다. 그래서 사람들은 종종 말로 찬송한다. 그러나 시온에는 종종 또 다른 찬송도 있는데 그것은 침묵이다(그래서 사람들은 침묵으로 찬송한다). 목소리로 찬송할 수 없는 사람들이 있지만, 아마도 하나님 앞에서 그들은 가장 훌륭하게 노래한다. 내가 알고 있는 사람들 중에 우리들 귀에 거슬리고 또 음이 맞지 않게 노래하는 사람들이 있다. 그럼에도 불구하고 하나님은 정성 들여 연주하는 현악기들의 큰 소리보다는 오히려 그들을 받으실 것이다.

나는 마음씨 착한 한 늙은 여성 때문에 많은 어려움을 겪었던 로울랜드 힐(Rowland Hill)에 대한 이야기를 들은 적이 있는데, 그녀는 그에게 가까운 쪽에 앉아서 아주 지독한 목소리로 무척이나 크게 노래하곤 했다. 엉망으로 노래하는 사람들이 흔히 하는 것처럼 말이다. 마침내, 그는 시끄럽게 노래하지 말아 달라고 요청했다. 그러나 그녀가 "노래는 내 마음에서 나오는 걸요"라고 말하자, 그 훌륭한 하나님의 사람은 자신의 질책을 철회하면서 이렇게 말했다. "계속 노래하세요. 멈추게 해서 미안해요."

찬송이 마음에서 나올 때, 누가 그것을 제지하려고 하겠는가? 옛날 감리교 신자들이 "할렐루야"와 "영광"을 열정적으로 외칠 때, 심지어는 그들의 외침소리도 금지되지 않았다. 왜냐하면 "만일 이 사람들이 침묵하면 돌들이 소리 지"를 것이기 때문이다(눅 19:40). 그러나 노래하는 사람들은, 그것도 노래를 잘하는 사람들은 자신들의 영혼에 찬송할 것을 너무 많이 가지고 있어서 그것이 말에 둘러 쌓일 때가 있다. 다소의 독한 술들은 좁게 배출되기 때문에 그것들이 술통을 동여매는 각 테를 잡아 끊을 때까지 거품이 일고 부푸는 것과 같이, 때때로 우리는 입과 혀의 통로보다도 우리의 영혼들을 위한 더 큰 통로가 필요하다. 우리는 우리의 모든 신경과 힘줄로 하프 줄을 만들고 우리들 몸의 모든 숨구멍을 감사의 입으로 만들기를 갈망한다. 아, 우리가 우리 몸의 일부-머리카락 하나 또는 우리 정맥의 피 한 방울-로가 아니라 우리의 전인으로 찬송하면서 지존자 하나님을 경배할 수만 있다면! 찬송에 대한 이런 바람이 아주 강할 때, 우리는 침묵에 의지하고 우리가 말할 수 없는 경배와 더불어 떤다. 침묵은 우리의 찬송이 된다.

거룩한 위엄이 우리의 노래를 막아
찬송이 우리 혀 위에 잠자코 머물러 있네.

아마도 우리가 공공 예배들 드릴 때, 만일 우리가 더 빈번하게 달콤한 침묵의 휴식을 가진다면, 찬송은 만족스러울 것이다. 빈번한 침묵은 매우 유익하다고 나는 확신한다. 아마도 모든 성도들이 하나님 앞에 고개를 숙일 때, 이따금 그들의 전원 일치의 침묵은 지금까지 작곡된 어떤 찬송이나 부를 수 있었을 노래보다 경건한 감정을 더 잘 표현하고 더 충분하게 촉진할 것이다. 습관적으로 침묵을 예배의 일부분으로 만드는 것은 병과 형식주의가 될지도 모른다. 그러나 이따금, 심지어는 자주 침묵을 예배 안에 포함시키는 것은 유익하고 이로울 것이다. 그러므로 우리의 침묵으로 하나님을 찬송하자. 그리고 하나님이 받으실 만한 찬송과 비교하면, 우리의 찬송은 침묵에 지나지 않는다고 늘 고백하자.

나는 본문에는 찬송이 하나님을 간절히 기다린다는 개념이 있다고 덧붙이고자 한다. 우리가 하나님을 찬송할 때, 우리는 이내 하나님과 더 많이 만나기를 기대하면서 기다린다. 우리는 왕이신 하나님을 송축하면서 그분께 더 가까이 가기를 원한다. 우리는 우리가 지금까지 본 것으로 인해 그분을 찬송하며 또한 더 많은 것을 보기를 기대한다. 우리는 하나님의 바깥뜰에서 그분을 찬송한다. 왜냐하면 우리는 머지않아 하늘의 대저택에서 그분과 함께 거할 것이기 때문이다. 우리는 예수 그리스도 안에서 자신을 계시하신 것으로 인해 하나님께 영광을 돌린다. 왜냐하면 우리는 그리스도를 닮아가기를 원하며, 그분이 계신 곳에서 그분과 함께 하기를 기대하기 때문이다. 내가 현재의 내 모습으로 인해 하나님을 찬송할 수 없다면, 미래의 내 모습으로 인해 그분을 찬송할 것이다. 내가 현재 지루하고 생기가 없다고 느껴질 때, 나는 우리의 유쾌한 찬송가를 인용하여 다음과 같이 노래할 것이다.

오래도록 사랑하는 곡에 맞춘
새 노래 내 입에 있고,
나 아직 맛보지 못한 모든 은총으로 인해
주께 영광을 돌리네.

내 찬송은 과거에 대한 감사-그것은 단지 은혜의 빚을 갚는 것이다-가 되어야 할뿐만 아니라, 내 신앙은 미래를 기대하고 자신의 목적을 성취하실 하나님을 기다릴 필요가 있다. 그 때에 나는 자비가 이르기 전에도 내 찬송을 드리기 시작할 것이다.

잠시, 우리 각자 하나님을 위해 그분께 우리의 찬송을 드리자. 우리에게는 공통의 자비들이 있다. 우리는 그것들을 공통적이라고 부른다. 그러나 아, 그것들은 참으로 귀하다! 즉 내게는 황금 주머니보다 더 좋은 것으로 여기는 건강이 있어서 함께 모일 수 있고, 또 병상에 누워 손을 내밀어 도움을 구할 필요가 없다. 우리에게는 사리를 분별할 수 있는 제정신이 있어서 보호시설에 감금될 필요가 없다. 우리 주변에는 여전히 우리의 자녀들이 있고, 또 여전히 우리에게 수고를 아끼지 않는 사랑하는 친척들이 있다. 우리에게는 먹을 음식이 있고 입을 옷이 있다. 우리의 인격이 훼손되지 않도록 지켜주셨고, 오늘날 원수의 유혹에 빠지지 않도록 돌봐주셨다! 이것들은 신성한 자비들이며 이 모든 것으로 인해 우리의 찬송이 하나님을 기다릴 것이다.

여기에서 나는 그 다음 구절에서 그 시 자체가 제시하는 의도를 끄집어올린다, 따라서 여러분은 하나님을 두 배로 찬송하게 될 것이다. "죄악이 나를 이겼사오니 우리의 허물을 주께서 사하시리이다"(시 65:3). (하나님의) 무한한 사랑은 우리를 완전히 깨끗하게 했다. 비록 우리가 흉악하고 더러울지라도 말이다. 우리는 깨끗하게 씻음을 받았다. 그것도 귀중한 보혈로 씻음을 받았다. 이것으로 인해 하나님을 찬송하라! 계속해서 다음을 읽어라. "주께서 택하시고 가까이 오게 하사 주의 뜰에 살게 하신 사람은 복이 있나이다 우리가 주의 집 곧 주의 성전의 아름다움으로 만족하리이다"(4절). 하나님께 가까이 가는 축복은 대단히 뛰어난 축복이 아닌가? 선택적 사랑 때문에 "전에 멀리 있던" 우리가 이제는 "그리스도 예수 안에서 그리스도의 피로 가까워졌"(엡 2:13)다고 느끼는 것은 하찮은 것인가?

"주께서 택하신 사람은 복이 있나이다"(시 65:4). 영원히 택함을 받은 여러분, 여러분은 조용히 있을 수 있는가? 하나님은 다른 사람들보다 여러분을 더 좋아하셨는가? 그렇다면 여러분의 입술은 노래하기를 거부할 수 있는가? 아니, 그럴 수 없다. 여러분은 주님을 크게 찬송할 것이다. 왜냐하면 그분은 자신을 위해 야곱을 택하셨고 자신의 특별한 보배를 위해 이스라엘을 택하셨기 때문이다.

계속해서 읽어가면서, 우리가 하나님의 백성 중에 영원한 처소를 가지고 있는 것으로 인해 하나님을 찬송하자. "주께서 주의 뜰에 살게" 하실 것이다(시 65:4). 잠시 동안도 우리를 쫓아내고 몰아내지 않으시고 우리로 하여금 하나님의 자녀들 중에

보장된 유업을 가지게 하신 것으로 인해 하나님을 송축하라. 우리는 우리가 (하나님의) 자녀들로서 그분의 집에 거하여 만족하는 것으로 인해 그분을 찬송한다. "우리가 주의 집 곧 주의 성전의 아름다움으로 만족하리이다"(시 65:4). 그러나 나는 버드나무에서 하프를 끌어내릴 이유가 아주 많이 있다고 여러분에게 간략하게 말한다. 그것을 사용하지 않는 상태로 거기에 걸어둘 이유를 난 잘 모르겠다. 우리를 "사랑하셔서 우리를 위하여 자신을 버리"신(엡 5:2) 그리스도를 좋게 말할 이유가 수없이 많다.

"여호와께서 우리를 위하여 큰 일을 행하셨으니 우리는 기쁘도다"(시 126:3). 나는 이 몹시 유쾌한 구절이 한 기도 모임의 기도에서 다음과 같이 망가지는 것을 들은 기억이 있다. "여호와께서 우리를 위하여 대사를 행하셨으니 우리는 기뻐하고 싶다." 아! 나는 성경 말씀을 손상시키고, 그것을 엉망으로 만들며 (어떤 것을) 그것에 더하는 것을 정말로 싫어한다. 만일 성경이 개정되기를 바라면, 모든 무지한 사람들이 아니라 학자들이 하도록 하라. 정말로 "기뻐하기를 바라는가?" 이것은 하나님이 "우리를 위하여 큰 일을" 행하셨을 때 하나님께 대한 훌륭한 감사의 마음이다. 만일 이 큰 일들이 행해졌다면, 우리의 영혼들은 기뻐해야 하며 그렇게 하지 않을 수 없다. 그들은 하나님의 모든 인자하심으로 인해 하나님께 대한 감사의 마음으로 흘러 넘쳐야 한다.

그것은 우리의 거룩한 희생 제사의 첫 번째 부분을 다룬다.

이제 두 번째 부분, 즉 서원을 주의 깊게 살펴보자. "사람이 서원을 주께 이행하리이다."

오늘날 우리는 서원을 하지 않는다. 그러나 훨씬 더 빈번하게 서원을 하던 때가 있었다. 만일 우리가 보다 나은 사람들이었다면, 우리는 더 많은 서원을 했을지도 모른다. 필시, 만일 우리가 더 어리석은 사람들이었다면, 우리는 똑같이 했을 것이다. 그 의식(practice)은 맹신에 의해 너무나 남용되어서 헌신은 그것을 제대로 부끄러워하지 않았다. 그러나 좌우간에 우리들 대부분은 우발적인 서원으로 구속당했다. 나는 내가 바라는 대로 내가 지키지 못한 서원-나의 회심 시에 했던 서원-을 정말로 고백한다. 나는 값을 치르고 나를 사신 그분께 나 자신-몸과 혼 그리고 영-을 내맡겼다. 그러나 그 서원은 헌신이 지나쳐서 그렇게 한 것이거나 불필요하게 한 것이 아니었다. 그것은 단지 나의 온당한 섬김이었다. 여러분도 그랬다. 여러분은 여러분의 약혼자(Betrothed, 예수 그리스도를 의미함-역주)의 사랑을 기억하는가? 즉 예수님이 매우 소중했고, 또 바야흐로 여러분이 그분과 혼인관계를 맺었던 때를 기억하는가? 여러분은 영원히, 영원히 그분의 것이 되도록 여러분 자신을 그분께 드렸다. 그 서원을 이행하는 것은 예배의 한 부분이다. 그것을 지금 갱신하라. 여러분의 소유자이시며 여러분이 섬기고 있는 그분께 여러분 자신을 다시금 내맡겨라. "여호와는 하나님이시라 그가 우리에게 빛을 비추셨으니 밧줄로 절기 제물을 제단 뿔에 맬지어다"(시 118:27)라고 말하라. 아, 다른 밧줄로 제물을 제단 뿔에 매라! 육체가 몸부림치는가? 그렇다면 움직이지 못하도록 그것을 더 단단하게 묶어 절대로 하나님의 제단으로부터 도망하지 못하게 하라.

사랑하는 여러분, 실제로 우리들 대부분은 정말로 우리가 세례를 받을 때 가장 진지한 서원을 했다. 우리는 세례를 받을 때 그리스도와 함께 죽고 장사된다. 그리고 만일 우리가 아주 진짜같이 보이게 하려고 하고 있지 않았다면, 우리는 그리스도 안에서 죽었고 그분과 함께 장사되었다고 서약(vow)했다. 우리는 또한 우리가 그분과 함께 다시 살았다고 고백했다. 그렇다면 세상은 세상에 대해 죽은 사람들 안에서 살까? 아니면 그리스도의 생명이 그분과 함께 다시 산 사람들에게 없는 것일까? 우리는 그 때 거기, 즉 그 진지한 신비적 장례 현장에서 우리 자신을 드렸다. 그 현장을 회상하라고 나는 여러분에게 당부한다. 여러분이 그렇게 할수록, 얼굴을 붉히면서 여러분이 머지않아 여러분의 서원을 이행하도록 하나님께 요청하라. 다드리지(Doddridge)는 그것을 다음과 같이 멋지게 표현했다.

> 여러분의 구주의 죽으심과 합하여 세례를 받았으면,
> 여러분의 영혼은 죄에 대하여 죽지 않으면 안 된다.
> 그래야 여러분은 여러분의 주님이신 그리스도와 함께 다시 살며,
> 그리스도와 함께 하늘로 올라가게 된다.

우리가 하나님의 교회와 연합할 때, 우리 또한 몇 가지 그와 같은 서원을 했다. 우리와 교회 사이에는 하나의 동의된 협약이 있었는데, 그 내용인즉 우리는 교회를 섬기고 거룩한 생활을 통해 그리스도께 영광을 드리고 존중하려고 애쓰고, 신앙을 전함으로써 교회를 증진시키며, 교회 구성원들에 대한 우리 자신의 사랑과 긍휼을 통해 교회의 하나됨과 위로를 추구한다는 것이다. 만일 우리가 그리스도의 다스림을 받으면서 교회의 번영과 증진을 돕기 위해 우리 자신을 교회에 내줄 생각을 하지 않았다면, 우리에게는 교회에 등록할 권한이 없었다. 우리가 그리스도 안에서 우리의 (신앙) 가족과의 영적 교감과 연합 안으로 들어갈 때, 맺어진 약속과 동의된 언약이 있었다. 서원은 어떤가? 하나님을 위하여 그리고 하나님의 눈으로 볼 때, 우리는 서원을 이행했다고 말할 수 있는가? 물론이다. 우리는 얼마간 우리의 언약에 충실했다. 아, 그것이 더 완전히 그렇게 되었다면!

우리는 하나님의 부르심을 받고 기독교 사역의 일에 우리 자신을 전적으로 헌신했을 때, 우리 중에는 다른 서원을 한 사람들이 있었다. 우리는 성직 서임(orders)을 받지 않았고, 세속적 안수를 받지 않았다. 왜냐하면 우리는 인간이 임명한(man-made) 성직자들을 믿는 사람들이 아니기 때문이다. 그렇지만 하나님의 교회의 사역자가 되는 사람은 자신의 일에 자신의 전 시간을 바쳐야 하며, 그는 자신의 몸과 혼 그리고 영을 그리스도의 대의에 바쳐야 한다고 우리는 암묵적으로 이해한다. 아, 교회의 목사들이 이 서원을 더 완전히 수행했다면! 장로들과 집사들이여, 여러분은 직분을 받아들였을 때 교회가 무엇을 의미하는지를 알고 있었다. 교회는 여러분으로부터 거룩과 열정을 기대했다. 성령은 여러분이 하나님의 양떼를 먹이도록 여러분을 감독자들로 세우셨다. 여러분의 직은 여러분의 책무를 말해준다. 여러분에게는 실제로 서원이 있다. 여러분은 그것을 이행했는가? 여러분은 시온에서 주님을 위해 그것을 이행했는가? 그밖에 고통과 상실의 때에 서원을 하는 것은 때때로 경건한 사람들의 습관이었다. 다음의 찬송은 그것을 이와 같이 말하지 않는가?

> 주님 집을 가득히 메우는 성도들에 둘러싸여
> 내 예물을 드립니다.
> 거기서 내 열정이 서원을 이행하리라.
> 고통 중에 내 영혼이 했던 서원을.
>
> 나 이제 주님의 것, 영원히 주님의 것
> 내 결심 흔들리지 않으리!
> 주님의 손이 내 고통의 손을 풀어주셨네.
> 그리고 주님의 사랑으로 나를 묶으셨네.
>
> 여기 주님의 뜰에 내 서원 두고 가오니
> 주님의 풍성한 은혜가 적어두나이다.
> 지금 내 말을 듣고 있는 성도 여러분

나, 주님을 저버리면 여러분이 증인이라네.

고통의 때에 여러분은 이렇게 말했다. "만일 내가 소생하고, 내 삶의 기간이 연장을 받는다면, 나는 보다 나은 삶을 살겠습니다." 여러분은 또한 이렇게 말했다. "만일 내가 이 큰 어려움에서 해방된다면, 나는 하나님께 내 재산을 더 많이 드리고 싶습니다." 또 어떤 때 여러분은 이렇게 말했다. "만일 주님이 자신의 얼굴빛을 내게 돌려주신다면, 그리고 나를 이 의기소침한 마음의 상태에서 벗어나게 해주신다면, 나는 이전보다 더 주님을 찬송할 것입니다." 여러분은 이 모든 것을 기억하고 있는가? 최근에 병상에서 회복되었다면, 나는 여러분뿐만 아니라 나 자신에게 권고한다. 나는 다만 내가 더 잘 듣는 사람이 되고 싶을 뿐이다. 그러므로 나는 이 점에서 다음과 같이 말하면서 나 자신에게 열심히 권고하곤 한다. "내 심장아, 나는 너에게 네 서원을 이행하도록 엄명한다."

사랑하는 신우 여러분, 여러분 중에는 기쁠 때, 첫 아기가 태어났을 때, 자신의 배우자가 병에서 회복되었을 때, 우리가 하나님의 은혜로 회복하게 되었을 때, 재산이 점점 증가하고 있을 때, 또는 하나님의 얼굴의 광채가 우리의 놀란 눈앞에서 드러났을 때 서원을 했던 사람들이 있다. 우리는 야곱이 자신의 놀라운 꿈에서 깨어나 자신이 베개로 삼았던 돌을 취하여 그 위에 기름을 붓고 지존자 하나님께 서원을 했을 때, 그가 했던 것과 같은 서원들을 하지 않았던가? 우리 모두에게는 우리의 벧엘이 있다. 하나님이 우리의 소리를 들으셨다는 것을 기억하자. 그리고 우리의 혼이 기뻐할 때에 했던 서원들을 그분을 위하여 이행하자.

그러나 나는 여러분의 개인 공책의 은밀한 기록들을 펴보려고 하지 않을 것이다. 여러분은 내가 크게 읽기를 바라지 않을 민감한 사항들을 가지고 있다. 만일 여러분이 거기에 여러분의 삶에 대해 써 놓았다면, 여러분은 "이것들을 말하지 말자. 그것들은 오직 하나님과 내 영혼 사이에만 있는 것이다"라고 말할 것이다. 그것들은 사람들에게 알려지지 않아야 하는, 여러분과 그리스도 사이의 간소하고 행복한 사랑의 교제이다. 여러분은 어찌 그 때 "나는 내 사랑하는 자에게 속하였고 내 사랑하는 자는 내게 속하였"(아 6:3)다고 말한 것을 잊었는가? 여러분은 여러분이 하나님의 모든 은혜가 여러분 앞쪽으로 지나가는 것을 보게 되었을 때 약속했던 것을 잊었는가? 나는 지금 기억을 통해 여러분의 순전한 마음을 흔들어 여러분으로 하여금 주님께 여러분의 마음의 찬송과 여러분이 이행한 서원을 갑절로 드리라고 하지 않으면 안 된다. "나와 함께 여호와를 광대하시다 하며 함께 그의 이름을 높이세"(시 34:3).

따라서 나는 하나님께 대한 이런 드림을 나타내는 본문에서 우리에게 주시는 복된 고무에 관해 많은 말을 포함시키지 않으면 안 된다. 자, 이 말씀을 보라! "기도를 들으시는 주여 모든 육체가 주께 나아오리이다." 여기서 하나님은 기도를 들으신다는 것을 관찰하라. 어떤 점에서, 기도는 예배의 가장 낮은 형태이다. 그렇지만 하나님은 그것을 받아주신다. 기도는 하늘의 예배가 아니며, 어느 정도 자기본위이다. 찬양은 뛰어난 예배이다. 왜냐하면 그것은 높이는 것이기 때문이다. 찬양은 하나님으로부터 좋은 것을 받은 한 영혼의 외침이며, 답례로 그분께 대한 자신의 사랑을 돌려드리는 것이다. 찬양은 숭고한 면을 가지고 있다.

따라서 하나님이 기도를 들으신다면, 찬송도 들으신다는 것을 알라. 만일 더 낮은 형태가 높이 계신 하나님의 보좌에 도달한다면, 천사 같은 찬송의 날개는 훨씬 더 하나님 앞에 이를 것이다. 하나님은 기도를 들으신다. 그러므로 우리의 찬송과 서원도 들으실 것이다. 이것은 아주 큰 격려가 되는 것이다. 왜냐하면 하나님이 여러분의 기도를 듣지 않으실 때 기도하는 것은 고통스러운 것으로 여겨지며, 만일 하나님이 찬송을 받지 않으신다면 하나님을 찬송하는 것은 낙담시키는 것으로 여겨진다. 그렇다면 그것이 무슨 소용이 있겠는가? 그러나 만일 하나님이 기도를 들으시고, 더욱이 가장 확실하게 찬송을 들으신다면, 간단없이 지속적으로 감사하자. 주님은 "감사로 제사를 드리는 자가 나를 영화롭게 하나니"(시 50:23)라고 말씀하신다.

본문에 따르면, 또한 기도가 참되다면, 하나님은 모든 기도를 들으신다는 것에 주목하라. 왜냐하면 본문이 그렇게 말하고 있기 때문이다. "모든 육체가 주께 나아오리이다." 아, 이 말씀을 들으면 나는 참 기쁘다! 나의 서투른 기도, 하나님은 그것을 물리치실까? 게다가, 하나님이 "모든 영(spirits)이 내게 나아오리라"고 말씀하셨다면, 나는 몹시도 염려했을 것이다. 보라, 사랑하는 이들이여, 말하자면 하나님은 더 순전한 부분을 받으시며, 무한히 불쌍히 여기는 마음으로 기도에 주목하시되, 기도를 그것의 본래의 모습인 연약한 것, 즉 불쌍하고 타락한 육체로부터 나오는 부르짖음이라고 생각하신다. "모든 육체가 주께 나아오리이다." 나의 상처 입은 기도, 나의 신음하는 기도가 하나님께 이를 것이다. 비록 그것이 내게는 육체의 일인 것처럼 보일지라도, 내 안에 계신 성령이 그것을 활기차게 하신다. 비록 내 목소리가 귀에 거슬리고 대개 내 음정이 가장 가냘플지라도, 내 노래는 그분께 이를 것이다. 비록 내 노래가 너무 불완전하기 때문에 내가 끙끙거릴지라도, 그 노래마저도 그분께 이를 것이다. 기도가 신실하다면 그것이 지닌 모든 결점에도 불구하고, 하나님은 예수 그리스도를 통해 그 기도를 받으실 것이다. 따라서 그 때 그것은 우리의 찬송과 우리의 서원과 함께 있을 것이다.

더욱이, 하나님은 언제나 그리고 끊임없이 기도를 들으신다. "기도를 들으시는 주여." 이것은 "기도를 들으셨다"거나 "경우에 따라 기도를 들으실지도 모른다"가 아니라. 항상 기도를 들으시는 주님이라는 것이다. 만일 하나님이 항상 기도를 들으신다면, 그분은 항상 찬양도 들으신다. 하나님이 내 찬송을 들으시고-비록 그것이 어린이의 찬송 또는 불쌍한 하찮은 죄인의 찬송에 지나지 않는다 할지라도-그것이 부족함에도 불구하고 그것을 받아주시되, 항상 그것을 받아주신다고 생각하면 기쁘지 않은가? 아, 나는 오늘 다른 찬송을 부를 것이다! 나는 내일 새로운 찬송을 부를 것이다. 나는 내 고통을 잊을 것이다. 나는 잠시 내 모든 걱정을 잊을 것이다. 만일 내가 나와 함께 하는 사람들 때문에 큰 소리로 노래할 수 없다면, 나는 내 마음의 종을 울릴 것이다. 나는 내 혼이 찬송으로 가득하게 할 것이다. 만일 내가 내 입으로 하나님을 찬송할 수 없다면, 나는 내 혼으로 그분을 찬송할 것이다. 왜냐하면 그분은 항상 내 소리를 들으실 것이기 때문이다.

여러분은 여러분이 하는 것을 절대로 받아들이지 않는 사람을 위해 무언가를 하는 것은 어렵다는 것을 알고 있다. 많은 아내들이 이렇게 말한다. "아! 그것은 정말 어려워요. 제 남편은 결코 즐거운 것 같지 않아요. 저는 제가 할 수 있는 모든 것을 했지만, 그는 사소한 친절 행위들을 무시해요." 그러나 여러분이 어떤 일이든 사소한 일을 할 때, "당신은 참 친절하군요"라고 말하면서 그것을 대단하게 생각하는 사람을 섬기는 것은 참으로 쉽다. 아! 하나님의 가엾은 자녀들이여, 주님은 여러분의 찬송, 여러분의 서원, 여러분의 기도를 많이 생각하신다. 그러므로 끊임없이 하나님을 찬양하고 찬미하는 것을 태만히 하지 말라.

게다가, 우리는 "모든 육체가 주께 나아오리이다"라는 말씀으로 완전히 끝나지 않았다. 모든 육체가 나아올 것이다. 왜냐하면 주님은 기도를 들으시기 때문이다. 그 때 나의 모든 찬송을 들으실 것이며, 온갖 종류의 사람들―그들이 신실하다면―이 부르는 모든 찬송이 하나님께 이를 것이다. 이 땅의 위대한 사람들이 찬송할 것이며, 불쌍한 사람들 중 가장 불쌍한 사람들도 찬송할 것이다. 왜냐하면 하나님은 그들을 물리치지 않으실 것이기 때문이다.

주님, "모든 육체가 [내게] 나아오리라"고 말씀해주지 않으시겠어요? 게다가 "그러나 너와 같은 자가 없구나"라고 말씀해주지 않으시겠어요? 저를 배제시키려고 하시는 것은 아니겠지요? 사랑하는 여러분, 하나님이 여러분을 물리치지나 않으실까 염려하지 말라. 나는 착하고 성실한 한 부인이 기도할 때 "주님, 저는 주님이 저버리실 둘째가 되는 것에 만족합니다. 그러나 저는 첫째가 될 수 없습니다"라고 말한 것이 생각난다. 주님은 모든 육체가 자신에게로 나아오리라고 말씀하시며, 그것은 그들이 자신에게 나아올 때 그분은 그들-온갖 종류의 사람들, 모든 계급과 계층의 사람들-을 맞아주실 거라는 것을 내포한다. 따라서 그분은 내가 나아가면 나를 물리치지 않으실 것이다. 또는 내가 기도하면 내 기도를 물리치지 않으실 것이다. 또는 내가 그분을 찬송하면 내 찬송을 물리치지 않으실 것이다. 또는 내가 내 서원들을 이행하면 그것들을 물리치지 않으실 것이다. 그러므로 주님께 나아가 그분을 찬송하자. 우리의 창조자이신 주님 앞에 무릎을 꿇자. 왜냐하면 "우리는 그가 기르시는 백성이며 그의 손이 돌보시는 양이기 때문이"다(시 95:7).

마지막으로, 사랑하는 여러분, 여러분이 나아가는 길에는 어려움이 있을지도 모른다. 죄악이 여러분을 방해할지도 모른다. 또는 질병이 여러분을 방해할지도 모른다. 그러나 우리에게는

"우리의 허물을 주께서 사하시리이다"(시 65:3)라는 약속의 말씀이 있다. 질병이 여러분을 저지할지도 모른다. 그러나 하나님의 도움의 말씀에 주목하라. "주께서…가까이 오게…하신 사람은 복이 있나이다." 주님은 여러분을 도우러 오시며 여러분을 그분 자신에게로 인도하실 것이다. 그러므로 질병은 하나님의 은혜에 의해 정복된다.

아마도 여러분의 공허감이 여러분을 방해할지도 모른다. "우리가 주의 집의 아름다움(goodness)으로 만족하리이다." 하나님이나 여러분을 만족시킬 수 있는 것은 여러분의 아름다움이 아니라 하나님의 아름다움이다. 하나님의 아름다움은 만족시킬 수 있다. 따라서 여러분의 죄악을 가지고 나아오라. 여러분의 질병을 가지고 나아오라. 여러분의 공허감을 가지고 나아오라. 만일 여러분이 전에 하나님께 나아온 적이 결코 없다면 지금 나아오라. 하나님께 나아와서 여러분의 죄를 고백하라. 그리고 자비를 구하라. 여러분은 진정 구할 수 있다. 하나님께 나아와 영원히 지속되는 그분의 자비를 신뢰하라. 왜냐하면 그것은 한이 없기 때문이다. 하나님의 엄하심에 대해 생각하지 말고, 와서 그분의 발 앞에 무릎을 꿇어라. 죽으려면 거기서 죽어라. 나아와서 여러분의 슬픔을 말하라. 하나님 앞에 여러분의 마음을 쏟아놓아라. 여러분의 성품의 그릇을 거꾸로 뒤집어버려라. 마지막 한 방울까지 다 비워버려라. 그런 다음 하나님의 은혜를 충만히 채워달라고 기도하라. 예수님께 나아오라. 예수님은 여러분을 초대하신다. 그분은 여러분이 하나님의 은혜로 충만히 채움을 받게 하실 수 있다.

뒤쪽 의자에 앉아 부르짖으면, 그 부르짖음은 하나님의 귀에 닿을 것이다. "그러나 저는 전에는 기도하지 않았는데요"라고 여러분은 말한다. 모든 일에는 분명 시작이 있다. 아, 여러분의 시작이 지금 일어난다면! 여러분이 나아올 수 있는 것은 여러분이 기도를 충분히 하기 때문이 아니라 주님이 기도를 관대하게 들으시기 때문이다. 그러므로 모든 육체가 나아올 것이다. 여러분은 환영을 받는다. 아무 것도 여러분의 길을 막을 수 없다. 나아오라! 지금이 바로 여러분을 환영해 줄 은혜의 시간이다.

주님의 사랑의 띠가 여러분 주변에 내려지기를 바란다. 지금 이 시간 여러분이 주님 앞으로 이끌림 받기를 바란다. 십자가를 지나서 나아오라. 예수님을 믿는 믿음으로 나아와 귀한 속죄의 제물을 의지하라. 예수님은 이렇게 말씀하셨다. "내게 오는 자는 내가 결코 내쫓지 아니하리라"(요 6:37). 우리 주님의 은혜가 여러분과 함께 하시기를 기원한다. 아멘.

5장 | 기도의 능력과 찬송의 즐거움

> 너희도 우리를 위하여 간구함으로 도우라
> 이는 우리가 많은 사람의 기도로 얻은 은사로 말미암아
> 많은 사람이 우리를 위하여 감사하게 하려 함이라
> 우리가 세상에서 특별히 너희에 대하여
> 하나님의 거룩함과 진실함으로 행하되
> 육체의 지혜로 하지 아니하고 하나님의 은혜로 행함은
> 우리 양심이 증언하는 바니 이것이 우리의 자랑이라.
> (고후 1:11-12)

사도 바울은 특별 섭리를 통해 아시아에서 당한 일촉즉발의 위험에서 건짐을 받았다. 에베소에 큰 소동이 있는 동안, 바울의 삶은 데메드리오와 그의 동료 직공들이 그를 반대하여 큰 소란을 일으켰을 때 큰 위험에 처해 있었다(이 이야기는 사도행전 19장에 나와 있다-역주). 왜냐하면 그들은 자신들의 직업이 위난에 처해 있는 것을 알았기 때문이다. 그래서 바울은 "우리가 …힘에 겹도록 심한 고난을 당하여 살 소망까지 끊어지고"(고후 1:8)라고 썼다. 바울은 자신의 목숨이 보존된 것은 오직 하나님 덕분이라고 생각했다. 또한 만일 그가 자신이 돌에 맞아 거의

죽게 되었던 때(행 14:19를 보라-역주)를 언급했다면, "죽은 자를 다시 살리시는 하나님"(고후 1:9)이라는 그의 축도는 아주 타당하다.

게다가, 사도 바울은 그러한 사실에 근거하여 하나님은 그와 같이 과거에 자신을 구출하셨고 현재에 여전히 자신을 도우시는 분이며 미래에도 자신과 함께 하실 것이라고 주장했다. 바울은 모든 산술의 대가였다. 그의 신앙은 언제나 계산이 빨랐다. 우리는 여기에서 그가 신자의 3 법칙(the Believer's Rule of Three)에 의해 산출하는 것을 보게 된다. 그는 과거로부터 현재까지 논했고, 현재로부터 아직 오지 않은 것, 즉 미래까지 논했다. 우리의 본문 앞 구절은 이 3 법칙에 따라 편안한 결론에 도달하는 것을 보여주는 뛰어난 예다. "그가 이같이 큰 사망에서 우리를 건지셨고 또 건지실 것이며 이 후에도 건지시기를 그에게 바라노라"(고후 1:10). 하나님은 "어제나 오늘이나 영원토록 동일하시"기 때문에(히 13:8), 어제의 그분의 사랑은 오늘의 그분의 사랑에 대한 절대 틀림없는 보증이며, 내일의 그분의 신실하심에 대한 마찬가지의 분명한 증거이다. 우리의 환경이 어떠하든지, 아무리 우리의 길이 당혹스럽게 할지라도, 그리고 우리의 시계가 분명하지 않을지라도 말이다. 만일 우리가 "그분은 가지고 계시고, 그분은 행하시며, 그분은 바라신다"는 법칙을 근거로 주장한다면, 우리의 위로는 절대로 스러지지 않을 것이다. 괴로움을 당하고 있는 여러분이여, 용기를 내라. 만일 여러분이 변덕스러운 하나님과 협상하고 있다면, 여러분의 영혼은 괴로움으로 가득 찰지도 모른다. 그러나 하나님은 "어제나 오늘이나 영원토록 동일하시"기 때문에, 그분이 자신의 은혜를 반복적으로 알려주실 때, 여러분이 그분을 믿는 것은 더 수월하게 된다. 여러분이 하나님의 신실하심을 새롭게 경험할 때, 여러분은 그분의 은혜를 재확인할 수 있다. 성령(the blessed Spirit)이 여러분을 가르쳐 영원히 신실하신 우리 주님께 대한 거룩한 확신에서 자라가게 하시기를 바란다.

따라서 비록 바울이 자신이 구출을 받을 때 하나님의 손길을, 그것도 오로지 하나님의 손길만을 인정했을지라도, 그는 이차적인 원인들을 부정하거나 경시할 만큼 어리석지 않았다. 그와 반대로, 무엇보다도 모든 위로의 하나님을 찬양하면서, 그는 사랑하는 많은 중보자들의 가장 진지한 기도들을 고맙게 기억했다. 하나님께 대한 감사가 절대로 사람들에게 배은망덕한 것에 대한 변명거리가 되지 않아야 한다. 전능하신 하나님이 사도 바울을 이방인들로부터 보호해주셨다는 것은 사실이다. 그러나 하나님은 기도에 대한 응답으로 그렇게 하셨다. 하나님이 선택하신 그릇은 사악한 자의 막대기가 깨뜨리지 못한다. 왜냐하면 하늘의 하나님이 내뻗으신 손이 그를 방어하는 방어물이 되기 때문이다.

그러나 그 손이 내뻗쳐진 것은 고린도에 있는 사람들과 도처에 있는 하나님의 성도들이 하나가 되어 했던 기도가 은혜의 보좌에 널리 퍼졌기 때문이다. 바울은 다음의 구절에서 답례로서 그 대성공의 간구를 언급한다. "너희도 우리를 위하여 간구함으로 도우라." 바울은 신자들이 자신들의 찬송과 바울 자신의 찬송을 하나가 되게 하기를 원했다. "이는 우리가 많은 사람의 기도로 얻은 은사로 말미암아 많은 사람이 우리를 위하여 감사하게 하려 함이라." 바울은 자신이 그들의 사랑을 요청한다고 덧붙여 말했다. 왜냐하면 그는 그들의 확고한 기대에 충실하지 않았던 어떤 사람들과 같지 않고, 그의 양심상 하나님의 말씀을 단순하고 성실하게 전한 것이 분명했기 때문이다.

첫째, 우리는 합심 기도의 능력을 인정할 것이다. 둘째, 우리는 여러분이 다른 신자들과 조화를 이루어 찬송하도록 촉구할 것이다. 셋째, 우리는 여러분에게 우리의 기쁨의 요구, 즉 우리 자신만의 것이 아니라 성실히 영혼들을 위해 힘쓰는 하나님의 모든 사역자들에게 속하는 요구를 강제할 것이다.

따라서 사랑하는 신우 여러분, 첫째, 합심 기도의 능력을 인정하는 것은 나의 의무이자 특권이다. 기도를 우리의 뛰어난 자비들 대부분이 우리에게 흐르는 풍부하고 기쁘게 하는 강으로 만듦으로 우리는 하나님을 기쁘시게 했다. 기도는 지금은 하늘에 있는 우리의 요셉이 충분하게 비축해 두었던 곡창지대들을 여는 황금 열쇠이다. 그것은 언약의 자비들 각각에 쓰여져 있다. "주 여호와께서 이같이 말씀하셨느니라 그래도 이스라엘 족속이 이같이 자기들에게 이루어 주기를 내게 구하여야 할지라" (겔 36:37). 구하지 않았음에도 받게 되는 자비들이 있다. 왜냐하면 경우에 따라서 하나님은 자신을 구하지 않는 사람들에게도 나타내실 때가 있기 때문이다. 그러나 구함으로 얻는 사람들, 찾음으로 찾는 사람들, 두드림으로 들어가게 되는 사람들에게만 주어지는 다른 은총들도 있다.

하나님이 우리에게 기도에 힘쓰라고 명령하시는 것이 하나님께 기쁨이 되는 이유를 깨닫기란 어렵지 않다. 왜냐하면 기도는 인간을 예배의 가장 겸손한 자세로 둠으로써 하나님께 영광을 돌리기 때문이다. 기도를 함으로써 하나님의 피조물로서의 인간은 자신을 지으신 창조자 하나님을 경건한 마음으로 인정하며, 그분을 모든 좋고 완전한 선물을 주시는 분으로 고백한다. 무릎은 땅에 굽히지만, 눈은 주님의 영광을 보기 위해서 높이 든다. 비록 기도가 경배의 최고의 방식은 아니라 할지라도(그렇건 그렇지 않건 상관없이 하늘에 있는 성도들이 그것을 계속할 것이다), 그것은 불완전한 인간이 하나님의 영광을 볼 때 그것을 나타내는 가장 겸손한, 그래서 가장 적합한 것이다.

우리가 우리와의 관계를 주장하는 "우리 아버지"라는 말에서부터 그 다음 계속해서 나오는, 우리가 유일하신 참 하나님께 속하는 것으로 생각하는 "나라와 권세와 영광"(마 6:9, 13)라는 말에 이르기까지, 기도의 모든 문장은 지존자 하나님께 경의를 표한다. 겸손히 간구하는 사람들의 신음과 눈물은 게루빔(cherubim)과 스랍(seraphim)이 반복해서 외치는 "거룩하다, 거룩하다, 거룩하다"(사 6:3)라는 말만큼이나 참되게 받아들여질 수 있다. 왜냐하면 본질상 개인적인 잘못에 대한 모든 진정한 고백들은 다름 아닌 만군의 주 여호와 하나님의 무한하신 완전에 표하는 경의이기 때문이다. 주님은 휘장 앞에 놓여져 있는 강단의 거룩한 분향에서 계속해서 나는 연기를 통해서보다 우리의 기도를 통해 더 영광을 받으신다.

게다가, 기도의 실천은 우리에게 우리의 하찮음을 가르치는데, 그것은 우리와 같은 교만한 존재들에게는 결코 작은 축복이 아니다. 만일 하나님이 우리가 은총을 위해 기도를 하지 않았는데도 우리에게 그것을 주신다면, 우리는 결코 우리가 얼마나 불쌍한 존재들인지를 알지 못할 것이다. 그러나 참된 기도는 필요 목록이요 필수품 일람표요 은밀한 상처들을 드러내는 것이요 감추어진 궁핍을 알리는 것이다. 그것은 하나님의 부유함을 향한 간구임과 동시에 우리의 비움(emptiness)에 대한 고백이다. 한 사람의 그리스도인의 가장 건강한 상태는 항상 비우고 공급을 위해 항상 주님께 의존하는 것과, 항상 자신 안에서 가난하게 되고 예수님 안에서 부유하게 되는 것, 그리고 혼자로서는 물만큼이나 약하지만 큰 공적을 행하기 위해서 하나님의 능력을 받아 강하게 되는 것이라고 나는 믿는다. 그러므로 기도의 실천은 하나님을 경배하는 것임과 동시에 사람을 그가 있어야 하는 곳인 바로 흙에 눕히는 것이다.

기도는 그것이 가져오는 응답과 상관없이 그 자체로서 그리스도인에게 큰 유익이다. 달리기 선수가 매일 연습을 통해 경주를 위한 힘을 얻는 것처럼, 우리는 인생의 큰 경주를 위해 기도라는 신성한 노동(sacred labor)을 통해 힘을 얻는다. 기도는 하나님의 새끼 독수리들의 날개에 깃털을 달아준다. 그래서 그들은 구름 위로 날아오르는 법을 배우게 된다. 기도는 하나님의 전사들의 허리를 졸라매고는 그들의 체력을 강화할 뿐만 아니라 그들의 근육을 단단하게 하고서 싸우도록 그들을 내보낸다. 진지한 간구자는 달음질할 준비가 되어 있는 건장한 남자처럼 기뻐하면서 자신의 기도실에서 나온다. 기도는 여호수아의 검을 능가하는 아말렉을 패주시키는 그 높이 들려진 모세의 손이다. 그것은 선지자의 방에서 당겨져 나와 아람 사람들에게 패배를 당할 것을 예언하는 화살이다. 기도는 신자에게 절대자 하나님의 속성을 부여하고, 인간의 약함에 하나님의 강함을 부여하고, 인간의 어리석음을 하늘의 지혜로 바꾸며, 불안정한 인간들에게 영원하신 하나님의 안정을 제공한다. 주님, 속죄소로 인해, 즉 주님의 놀라운 인자하심의 뛰어난 선물을 주신 것으로 인해 감사합니다. 그것을 바르게 사용하도록 우리를 도와주소서.

하나님이 하늘에서 기도의 배로 많은 자비들을 보내시는 것처럼, 오직 합심 기도의 함대를 통해서만 우리에게 가져다주실 수 있는 뛰어나고 특별한 은총들이 많이 있다. 하나님은 혼자뿐인 자신의 엘리야들과 다니엘들에게 좋은 것들을 많이 주실 것이다. 그러나 "너희 중의 두 사람이 땅에서 합심하여 무엇이든지 구하면 하늘에 계신 내 아버지께서 그들을 위하여 이루게 하시리라"(마 18:19). 하나님의 풍성한 응답에는 한이 없다. 모든 교회가 베드로를 위해 쉬지 않고 기도를 하지 않았다면, 그는 결코 감옥에서 풀려나지 못했을 것이다. 만일 모든 제자들이 "다같이 한 곳에"(행 2:1) 모여 불의 혀가 임하는 것을 기다리지 않았다면, 오순절은 결코 도래하지 않았을 것이다.

 하나님은 한 사람의 중보자에게 많은 자비를 베풀어주시기를 기뻐하신다. 그러나 때때로 하나님은 이렇게 말씀하시는 것 같다. "너희 모두가 내 앞에 나와 내 은총을 간청할 것이라. 왜냐하면 만일 너희가 너희 어린 형제들이나 자매들이 너희와 함께 하지 않는다면, 나는 너희 얼굴을 보지 않을 것이기 때문이다." 친애하는 신우 여러분, 왜 그런가? 그것은 은혜가 풍성하신 우리 주님이 성도의 교제를 소중히 여기고 계신다는 것을 설명하는 방법이라고 나는 생각한다. "성도가 서로 교통하는 것을 믿사옵나이다(나는 성도의 교제를 믿습니다-새번역)"라는 말은 중요한 기독교 신조(사도 신경)의 한 부분이지만, 그것을 이해하는 사람들은 진정 소수에 불과하다. 하나님의 백성 가운데는 진정한 연합과 같은 것이 있다. 우리는 여러 다른 이름으로 불릴지 모르지만, "그러나 하늘과 땅에 있는 우리 왕이신 하나님의 모든 종들은 하나다."

 우리는 우리 그리스도인 권속(family)의 도움과 사랑을 결코 잃어버릴 수 없다. 어거스틴은 "가난한 사람들은 부자들을 위해 지음을 받았고, 부자들은 가난한 사람들을 위해 지음을 받았다"고 말했다. 강한 성도들은 약한 성도들을 위해 지음을 받았고, 약한 성도들은 성숙한 신자들에게 특별한 축복을 가져다준다고 나는 믿어 의심하지 않는다. 건강은 몸 전체에 해당된다. 각 관절은 다른 모든 관절에게 무엇인가 빚을 지고 있고, 몸 전체는 모든 관절이 공급하는 것에 의해 서로 연결되고 구성된다. 해부

학자가 거의 이해하지 못하는 것들이 있는데, 그것들은 인간의 몸 안에 있는 선(腺)들(glands)이다. 예를 들면, 그는 인간의 몸이 그것의 질서에 극도의 가치를 지니고 있는 매우 귀한 유체(fluid)를 내는 췌장들에 대해서 말할 수 있지만, 그가 그 각각의 가치를 확인할 수 없는 다른 세크레틴들(secretins, 소장 내에서 분비되는 호르몬의 일종-역주)이 있다. 어떤 식으로든, 만일 그 선을 제거하게 되면, 몸 전체는 의심할 여지없이 고온에 시달리게 될 것이다.

마찬가지로, 사랑하는 여러분이여, 신자들 중에는 우리가 "나는 그들이 어떤 목적을 가지고 있는지 모르겠어요. 나는 그 그리스도인이 어떤 유익이 있는지 똑똑히 말할 수가 없어요"라고 말해도 좋은 사람들이 있을지도 모른다. 그렇지만 그 하찮고 또 명백히 쓸모 없는 교인을 떠나게 하면, (그리스도의) 몸 전체가 고통을 겪을 것이고 골격 전체가 병들게 될 것이며 심장 전체가 약해진다. 아마도 이것이 하늘의 사랑의 많은 중요 은사들은 오직 연합하여 간구할 때 받게 되는 이유일 것이다. 그러므로 우리는 몸 전체의 효용을 깨달을 것이며, 하나님의 은혜가 그분의 백성 가운데 형성했고 또 매일 유지하는 참되고 생명력 있는 연합을 인정하지 않을 수 없을 것이다.

친애하는 신우 여러분, 참으로 가장 가난하고 가장 눈에 띄지 않는 교인이 그 몸(교회)의 힘에 무언가 보탤 수 있다고 생각하면 기쁘지 않은가? 우리 모두가 설교를 하고 우리 모두가 지도하며 우리 모두가 금과 은을 드릴 수 있는 것이 아니다. 그러나 우리 모두는 우리의 기도를 드릴 수 있다. 기도할 수 없는 회심자는 없다. 설사 그가 은혜 안에서 단지 이삼일 된 사람이라고 할지라도 말이다. 기도할 수 없는 자매는 없다. 설사 그녀가 일어나지 못하고 누워 있다하더라도 예수님 안에 있기만 하다면 말이다. 자신의 간구를 일반 재고품(general stock)에 보탤 수 없을 만큼 병들었거나 나이가 들었거나 어리석거나 눈에 띄지 않거나 문맹이거나 또는 무일푼의 신자는 없다. 이것이 교회의 부유함이다. 우리는 하나님의 대의를 위해 여러분의 헌금을 걷고자 문 앞에 헌금함을 두거나 헌금 바구니를 돌린다. 교회에는 우리가 헌금을 넣는 주님의 궤가 있는 것처럼, 우리 모두가 우리의 사랑의 중보를 넣어야 하는 영적 궤가 있다는 것을 기억하라. 동전 두 개가 없는 미망인조차도 이 궤에 자신의 예물을 드릴 수 있다.

그러므로 친애하는 신우 여러분, 하나님의 백성 가운데 어떤 연합과 교제가 있는지를 보라. 왜냐하면 성도들이 연합하여 기도할 때만 받을 수 있는 자비들이 있기 때문이다. 참으로 우리는 이 연합의 띠를 느껴야 하고 서로를 위해 기도해야 한다! 교회가 기도와 간청을 위해 함께 만날 때마다, 참으로 우리 모두는 거기에 있는 것을 우리에게 주어진 의무로 만들어야 한다! 여러분 중에 어떤 사소한 이유로 기도모임에 참석하지 않는 사람들은 자신들이 몸(교회) 전체를 얼마만큼 강탈하는지 성찰할 필요가 있다. 기도 모임은 하나의 귀중한 관례로서 다른 모든 모임과 사역에 힘을 공급해준다. 여러분 중에 시간을 좀 관리하고 또 여러분의 일을 단축하고 기도 모임에 더 자주 참여할 수 있는 사람은 얼마나 되는가? 여러분이 고객을 잃게 된다면 어떻게 될까? 여러분은 그 날 손해본 것을 다른 날 만회할 수 있다고 생각하지 않는가? 설사 손해를 만회하지 못한다 하더라도, 영적 이익을 얻는 것이 일시적인 손해를 메우는 것보다 낫지 않을까? "모이기를 폐하는 어떤 사람들의 습관과 같이 하지 말고 오직 권하여 그 날이 가까움을 볼수록 더욱 그리하자"(히 10:25).

우리는 이제 그 이상의 관찰을 위한 준비가 되어 있다. 이 합심 기도는 특히 하나님의 사역자들을 위해서 해야 한다. 이 공공 기도는 특히 그들을 위해 의도되었다. 바울은 그것을 요청했다. "형제들아, 우리를 위하여 기도"하라(살후 3:1). 하나님의 모든 사역자는 세상 끝 날까지 기도는 언제나 자신들의 능력의 비밀 출처라고 고백할 것이다. 하나님의 백성의 기도는 사역자들의 능력임에 틀림없다. 교회 안에 있는 다른 사람들보다도 사역자는 왜 하나님의 백성의 진심 어린 기도를 필요로 하는지 내가 굳이 설명하려고 애쓸 필요가 있을까? 그의 자리는 가장 위험한 자리가 아닌가? 사탄이 지옥의 군대들에게 내리는 명령은 이것이다. "너희는 작은 자나 큰 자와 더불어 싸우지 말고 오직 이스라엘 왕(하나님의 사역자)과 싸우라"(왕상 22:31). 사탄은 만일 자신이 일단 마음을 움직여 그들 중 한 사람을 넘어뜨릴 수 있다면 전체적인 혼란이 있을 것을 알고 있다. 왜냐하면 만일 전사가 죽으면, 사람들이 달아날 것이기 때문이다. 싸움은 기수 주변이 가장 격렬하다. 거기에서 전부(battle axes, 옛날 전쟁 때 썼던

도끼-역주)는 투구를 치며 소리를 내고, 화살들은 갑옷 위로 쏟린다. 적은 만일 자신이 부대의 깃발을 부러뜨리거나 그 깃발을 잡고 있는 기수의 두개골을 쪼개 열어 젖힌다면 정신적으로 큰 타격을 가하여 깊은 낙담에 빠뜨릴 거라는 것을 알고 있다.

주의 군사들이여, 우리 주변으로 밀착하라! 붉은 십자가의 기사들이여, 우리를 방어하러 모이라. 왜냐하면 싸움이 격렬해지고 있기 때문이다. 만일 여러분이 우리를 사역의 직분에 선출했다면, 우리가 싸우는 매시간 우리편에 꿋꿋이 서라고 우리는 촉구한다. 나는 로테르담(Rotterdam, 델타에 있는 네덜란드 남서부의 항구 도시-역주)에서 돌아오자마자 우리가 조수의 간만이 조금 있었고 바람도 나빴기 때문에 항해하기가 무척 위험했던 곳인 마스(the Maas)강 입구에서 모래톱을 가로지르고 있을 때 "모든 손을 갑판 위에!"라는 명령이 내려진 것을 알았다. 사역자의 삶은 너무 위험해서 내가 "모든 손을 갑판 위에 얹고, 모든 사람이여 기도하시오"라고 소리치는 것도 당연하다고 나는 생각한다. 가장 연약한 성도라도 즉각 간구하게 하라.

게다가, 그러한 위험한 자리에 있는 사역자는 자신에게 지워져 있는 중대한 책임이 있다. 모든 인간은 어느 정도 자신의 형제를 지키는 자가 되어야 한다. 그러나 하나님의 파수꾼들이 충실하지 않는다면 그들에게 화가 있을진저! 왜냐하면 그들의 손에 영혼들의 생명이 달려 있기 때문이다. 하나님은 만일 사람들이 복음을 온전히 그리고 충실히 전파하지 않는다면 머지 않아 그들을 멸하실 것이다. 주님으로부터 오는 이 부담이 무거운 짐이 되어 하나님의 사역자들을 압박할 때가 있다. 그들의 심장이 괴로움으로 터질 것처럼 고통 중에 소리를 지를 때까지 말이다.

배가 그 모래톱을 가로지를 때, 나는 그 배의 선장 자신이 측연(lead)을 바다 속으로 던지는 것을 보았다. 누군가 왜 그 일을 선원들에게 시키지 않느냐고 물었을 때, 그가 이렇게 말했다. "지금 이 상황에서 그 일을 할만한 사람은 나 밖에 없다네. 배와 바닥 사이가 겨우 6인치 밖에 틈이 없거든." 정말로 우리는 배가 한두 번 아주 불안하게 바닥에 닿는 것을 느꼈다. 그와 같이 복음의 모든 설교자에게도 만일 그들이 자신들의 자리를 제대로 지키고 있다면, 그들이 자신들의 설교를 듣는 사람들을 위해 고민하고 또 대리인으로서 자신들의 의무를 다할 수 없지만 개인적으로 사람들의 영원한 운명을 위해 힘써야 하는 때가 올 것이다. 그는 자기 자신을 믿고 설교하는 것이 아니고, 자신이 사람들의 영혼들에 대한 부담으로 어찌할 바를 모르기 때문에 하나님께 도움을 호소할 것이다. 우리를 위해 기도하라. 만일 하나님이 여러분에게 우리를 주셨다면, 그리고 만일 여러분이 그 선물을 아주 기쁘게 받는다면, 우리를 무일푼의 상태로 그리고 가난에 시달리도록 내버려둘 정도로 하나님과 우리를 멸시하지 말라. 왜냐하면 여러분의 기도가 억제되었기 때문이다.

게다가, 사역자를 지키는 것은 교회를 위한 가장 중요한 목표들 중 하나다. 여러분은 배에서 선원을 잃을지도 모르며, 그것은 그에게 그리고 여러분에게 매우 불운하다. 그러나 만일 조종사가 쓰러지거나 선장이 갑자기 병이 난다면, 또는 배의 조타수가 타륜(선박의 키를 조종하는 손잡이가 달린 바퀴-역주)을 놓치고 휩쓸려간다면, 배는 어떻게 되겠는가? 따라서 비록 교회에서 모든 사람을 위해 기도해야 할지라도, 맨 먼저 사역자를 위해 기도해야 한다. 그가 책임 맡고 있는 자리 때문이다.

여러분보다도 사역자에게 요구되는 것이 훨씬 더 많다는 것을 기억하라. 만일 여러분이 개인 교수를 위한 개인 식탁을 준비해야 한다면, 사역자는 이를테면 오는 모든 사람들을 위한 좋은 것들이 가득한 향연으로서의 공공 식탁을 준비해야 한다. 만일 그의 주인이신 예수님이 그에게 풍성한 양식을 공급해 주지 않으신다면, 어떻게 그가 그것을 하겠는가? 여러분은 집에 있는 촛불처럼 빛나야 하지만, 사역자는 바다를 가로질서 멀리 보이는 등대처럼 존재해야 한다. 만일 그의 주님이 그를 조정하지 않으신다면, 그리고 하늘로부터 그에게 새로운 기름을 공급해 주지 않으신다면, 그가 어떻게 밤새 비출 수 있겠는가? 그의 영향력은 여러분의 영향력보다 더 광범위하다. 만일 그것이 악을 위해 쓰인다면, 그는 치명적인 우파스 나무(upas tree, 자바산 쐐기풀과의 유독한 나무-역주)가 될 것인데, 그 나무에는 자기 그림자 아래에 있는 모든 것을 독살하는 죽죽 뻗어 가는 큰 가지들이 있다. 그러나 만일 하나님이 그를 별로 삼으신다면, 그의 빛의 광선은 온 나라들과 온 시대를 그 온유한 영향력으로 성원할 것이다. 만일 이것이 진정 참되다면, 나는 여러분에게 기도로 여러분의 사역자를 관대하게 그리고 끊임없이 도우라고 간청한다.

희랍어 본문에서 "(함께) 도우라"는 그 말은 매우 중대한 일을 내포한다. 어떤 사람들의 기도는 그 자체로 아무런 결과가 없다. 그러나 하나님을 설득하는 기도는 삼손처럼 간구하는 자가 입장을 거부당하기보다는 자비의 문들을 흔들고 그것들을 잡아당기려고 노력하는 실제로 행하는 사람의 기도이다. 우리는 그저 걱정만을 언급하는 손가락 끝 기도(fingertip prayers)를 원하지 않는다. 대신에 우리는 한 덩어리의 진지함을 품고 그 소원들이 거절당하지 않는 어깨 기도(shoulder prayers)를 원한다. 우리는 어떤 사람들이 기도 모임에서 과시할 때 하는 자비의 문에 대한 그 우아한 도피성의 노크를 원하지 않는다. 우리는 자신의 간구를 하기로 결심하고는 자비의 문이 열려 자신의 모든 필요가 충족될 때까지 그 문에 머물 작정을 하는 단호한 한 사람의 노크를 원한다.

거절당하지 않고 자기가 자신의 심장이 바라던 것을 얻을 때까지 진정 하늘을 매료시킬 작정을 하는 그 사람의 강력한 열정은 사역자들이 자신들의 회중에게 간절히 바라는 기도이다. 멜랑흐톤(Melancthon)은 몇몇 가난한 직공들, 여성들 그리고 아이들이 함께 만나 종교 개혁을 위해 기도한다는 소식을 듣고 큰 위로를 받았다. 멜랑흐톤에게 있어서, 그것은 위안을 위한 견고한 토대였다. 틀림없이, 종교 개혁을 일어난 그대로 만든 것은 루터만이 아니라 쟁기 뒤에서 시편을 노래했던 수많은 가난한 사람들과 중보의 기도를 했던 수많은 봉사자들이었다. 우리는 저명한 히브리어 학자인 파울루스 패기우스(Paulus Phagius)에 관해 들은 바 있는데, 그는 종교개혁을 영국으로 전하는 것을 도왔던 사람이다. 그가 자신의 젊은 제자들(scholars)에게 가장 빈번하게 요청했던 것이 있었는데, 그것은 하나님이 축복을 부어주심으로 응답하실 수 있도록 계속해서 기도하라는 것이었다.

하나님이 주시는 모든 축복, 즉 메트로폴리탄 교회(Metropolitan Tabernacle)의 모든 성장은 하나님의 다스림 하에서 성도들의 진지하고 열정적인 기도 때문이었다고 나는 반복해서 말해왔다. 이 교회에는 하늘을 움직이던 때가 있었다. 우리에게는 우리가 듣지 못하느니 차라리 죽는 것이 낫다고 느꼈던 때가 있었고, 어머니가 아이에게 하는 것처럼 우리 교회를 우리의 가슴으로 가져갔던 때가 있었으며, 사람들의 영혼에 대한 열망과 산고를 느꼈던 때가 있었다. 우리 교회가 매일 성장하는 것과 많은 사람들이 복음을 듣기 위해 우리의 말을 열심히 듣는 것을 볼 때, 우리는 참으로 "하나님께서 행하신 일이 어찌 그리 크냐"(민 23:23)라고 말해도 좋을 것이다. 우리는 이제 기도하는 것을 그만두어야 하는가? 우리는 대제사장이신 예수님께 "만족하시나요?"라고 말해야 하는가? 우리는 이제 강단에서 뜨겁게 달아오른 숯불을 끄집어내고 또 타고 있는 향을 꺼야 하는가? 우리는 이제 기도와 찬양이라는 아침과 저녁의 어린양들을 제물로 가져가지 말아야 하는가?

하나님의 자녀들이여, 여러분은 무장을 하고 활을 들고 다니다가 여러분의 교회를 위한 전쟁의 날에는 등을 돌리겠는가? 홍수의 물이 여러분 앞에서 갈라진다. 요단강이 뒤로 물러간다.

여러분은 깊은 곳을 가로질러 행군해 가는 것을 거부할 것인가? 여러분의 하나님이 여러분 앞에서 가신다. 한 왕이 외치는 소리가 여러분의 무리 한가운데 들린다. 여러분은 이제 겁쟁이가 되어 그 땅을 얻으러 올라가기를 거부할 것인가? 여러분은 이제 여러분의 첫 사랑을 잃어버리겠는가? 여러분의 교회 맨 앞에 "이커보드"(Ichabod, 남자이름)라고 적혀 있게 하려는가? 하나님이 여러분을 버리셨다는 말을 들으려는가? 그렇지 않으려면, 다시금 무릎을 꿇고 온 힘을 다해 기도하라! 그렇지 않으려면, 한번 더 열정적으로 간청하기 시작하라! 그렇지 않으려면, 즉 여러분이 선이 시들고 악이 의기 양양해 하는 꼴을 보지 않으려면, 양손을 꼭 잡고 살아서 지금까지 중보하시는 그분의 이름으로 효과 있는 기도를 하라. 여러분이 있는 바로 그곳으로 축복이 내리도록 말이다. "너희도 우리를 위하여 간구함으로 도우라."

이제 우리는 여러분이 찬송하도록 촉구하지 않으면 안 된다. 기도의 응답을 받으면 언제나 뒤이어 찬송이 나와야 한다. 땅의 감사의 안개는 하늘의 사랑의 태양이 땅을 따뜻하게 할수록 피어올라야 한다. 주님은 여러분에게 은혜를 베푸셨는가? 그리고 그분의 귀로 하여금 여러분의 간청 소리를 듣게 했는가? 여러분의 기도에 응답하셨고 또 여러분의 심장이 바라는 것을 여러분에게 주신 그분을 노래하기를 거부하지 마라. 하나님의 자비에 침묵하는 것은 괘씸한 배은망덕의 죄에 빠지는 것이며, 배은망덕은 가장 나쁜 범죄들 중 하나다. 친애하는 신우 여러분, 나는 여러분이 아홉 명의 한센병 환자들이 한센병을 치료받은 후에 치유하시는 주님께 감사하러 돌아오지 않은 것처럼 비열하게 행동하지 않을 것이라고 믿는다.

하나님을 찬송하는 것을 잊는 것은 우리 자신에게 이익을 주기를 거부하는 것이다. 왜냐하면 찬송은 기도처럼 영적인 인간에게 매우 유익하기 때문이다. 그것은 중요하고 건강에 좋은 운동이다. 다윗처럼 주님 앞에서 춤추는 것은 혈액 순환을 빠르게 해 주며, 맥박을 더 건강한 비율로 뛰게 한다. 찬송은 솔로몬의 향연처럼 모든 사람에게 좋은 고기와 포도주를 제공하는 큰 향연을 우리에게 베풀어준다.

찬송은 기독교적 의무들 중 가장 신성한 의무이다. 천사들은 기도하지 않는다. 그러나 그들은 밤낮 쉬지 않고 찬송한다(계 4:8을 보라). 받은 자비들로 인해 하나님을 송축하는 것은 우리의 동료들을 유익하게 하는 것이다. "곤고한 자들이 이를 듣고 기뻐하리로다"(시 34:2). 그와 비슷한 환경에 있었던 사람들은 우리가 다음과 같이 말할 때 위로를 받을 것이다. "나와 함께 여호와를 광대하시다 하며 함께 그의 이름을 높이세…이 곤고한 자가 부르짖으매 여호와께서 들으시고 그의 모든 환난에서 구원하셨도다"(3, 6절). 말문이 막힌 그리스도인들은 교회의 통탄할 망신거리이다. 우리에게는 사탄이 말을 하지 못하도록 재갈을 물린 사람들이 있고, 그들이 내는 가장 시끄러운 음악은 그들이 자신들의 침묵(의 재갈)을 우두둑우두둑 씹고 있을 때이다. 나는 그와 같은 모든 경우에 그들의 혀가 노래할 수 있기를 바란다.

이제 한 걸음 더 나아가자. 찬송이 좋고 즐겁고 또 사람을 축복하고 하나님께 영광을 돌릴 때, 연합 찬송은 특히 칭찬할 만하다. 연합 찬송은 음악회의 음악과 같다. 악기 하나의 소리는 무척 감미롭지만, 많은 악기들-관악기와 현악기 둘 다-이 모두 연합할 때, 오케스트라는 고상한 조화로운 화음을 낸다. 그리스도인 한 사람의 찬송은 하나님 앞에 미량의 향으로 받아들여지지만, 많은 그리스도인들의 찬송은 주님 앞으로 그 연기를 실어 오는 유향으로 가득 찬 향로와 같다. 연합 찬송은 하늘이 기대하는 것이다. 왜냐하면 그 전체 모임에서 그들은 전부 한 마음과 한 목소리로 주님을 찬송하기 때문이다.

그들의 혀는 수없이 많으나
그들의 모든 기쁨은 하나라네.

공공 찬송은 그리스도인 자신에게도 아주 듣기 좋다. 그것은 참으로 많은 걱정을 제거해주었다. 내가 찬송의 함성을 들을 때 그것은 내 마음을 따뜻하게 한다고 나는 확신하고 있다. 내 기호로 볼 때, 그것은 가끔 약간 느리다. 그래서 나는 여러분에게 박자를 빠르게 하라고 권하지 않을 수 없다. 위엄 있는 찬송의 넘실거리는 파도들이 자신들의 온 힘을 발휘할 수 있도록 말이다. 모든 결점에도 불구하고, 내 마음에는 내가 지역 회중에게서 듣는 것과 같은 음악은 없다. 나의 네덜란드 친구들은 사람들이 잠자러 가도 무리가 아닐 정도로 길게 늘어진 음조로 자장

가처럼 아주 느리게 주님을 찬송한다. 그러나 거기에서도 많은 목소리들이 찬송의 훌륭한 조화를 만들어낸다. 나는 하나님의 백성이 진정으로 노래할 때-그 노래가 화음과 불협화음 사이의 어느 지점에 있을 때가 아니라-그들이 노래하는 것을 듣기를 좋아한다. 아, 신령한 노래를, 그러니까 모든 사람들의 혼이 그 시간에 울려 퍼지게 하고, 모든 사람의 혀가 곡을 노래하며, 노래를 부르는 각 사람이 감사와 사랑 안에서 자신의 동료들을 능가하려는 큰 열망을 느끼는 위엄 있는 찬송의 외침을 듣고 싶구나! 하나님을 예배할 때 참된 마음들이 하나가 되는 곳에는 큰 기쁨이 있다. 그 마음들이 노래로 표현될 때, 그 신나는 노래 소리는 감미롭다.

  나는 교회가 일주일에 한번씩 찬송 모임을 가져야 한다고 생각한다. 우리는 적어도 일주일에 한번은 저녁 기도 모임을 갖는다. 그리고 많은 사람들이 매일 아침 기도 모임을 갖는다. 그러나 왜 찬송 모임은 없는가? 당연히 계절마다 처음부터 끝까지 찬송으로 이루어진 예배를 위한 시간을 따로 떼어놓아야 한다. 당장 그 계획을 시도해보자.

  합심 기도는 특히 사역자들을 위해 제공되어야 한다고 말했듯이, 연합 찬송도 같은 방향으로 나아가야 한다. 즉 전 교우는 자신들의 목사들을 통해 교회에 주신 자비로 인해 하나님을 찬양하고 송축해야 한다. 여기에서 다시 사도 바울이 그것을 어떻게 말했는지를 들어 보라. "이는 우리가 많은 사람의 기도로 얻은 은사로 말미암아 많은 사람이 우리를 위하여 감사하게 하려

함이라." 사랑하는 여러분, 우리는 좋은 사역자들이 살아 있는 것으로 인해 하나님을 찬송해야 한다. 왜냐하면 그들이 죽을 때, 그들이 하는 사역의 많은 부분도 그들과 함께 죽기 때문이다. 루터와 칼빈이 살아 있는 동안에는 개혁이 잘 추진될 것이지만, 그들이 죽을 때는 그것이 머지 앉아 멈추게 될 것이라는 것은 놀랄만하다. 어떤 의미에서만 좋은 사람들의 영들은 죽지 않는다. 이 시대의 하나님의 교회들은 사사 시대의 이스라엘 백성과 같다. 사사들이 죽었을 때, 그들은 다시금 우상들의 꽁무니를 쫓아다녔다. 그것은 오늘날도 마찬가지이다. 하나님이 목사에게 인정을 베푸실 때, 교회는 번창한다. 그러나 그가 죽으면, 그가 불태웠던 열정은 유골 가운데서 연기로 피어난다. 백 중 아흔 아홉은 아니라 할지라도 십 중 아홉은, 한 교회의 부흥은 사역자의 삶에 달려 있다. 하나님은 우리를 겸허하게 하시기 위해 그것을 정해놓으셨다. 그러므로 하나님이 따로 세우신 여러분의 목사의 삶을 고맙게 여겨야 한다.

우리는 또한 평판을 지키는 것에 대해 크게 감사해야 한다. 왜냐하면 한 사람의 사역자가 타락할 때, 진정 그것은 망신거리이기 때문이다. 여러분이 신문에서 자신을 침례교 사역자로 부르기를 좋아했던 어떤 목사의 통탄할 경우를 읽을 때, 모든 사람들은 이렇게 말한다. "충격적인 일이에요! 침례교인들은 나쁜 패거리들임에 틀림없어요." 그래서 이제는 바보가 아닌 이상, 자신을 침례교 사역자라고 부르지 않을 것이다. 우리의 자유는 아주 완전해서 법이나 전략 같은 것은 없다. 자신의 말을 듣도록 열두 사람을 모을 수 있는 사람은 누구나 사역자다. 최소한 그들에게는 말이다. 그러므로 여러분은 사람들 중에는 약간의 명성을 얻고자 그 명칭을 얻으려는 위선자들이 있을지도 모른다고 생각할 수 있다. 만일 진실한 사역자가 계속해서 자신의 성실을 고수하려면, 자신을 위해서 변함없이 하나님께 감사해야 한다.

만일 사역자가 좋은 자료들을 충분히 제공받는다면, 만일 그가 솟아나는 샘물과 같다면, 만일 하나님이 사람들을 먹이도록 그에게 하나님 자신의 보고에서 새 것들과 옛 것들을 내놓게 하신다면, 진정으로 감사해야 한다. 만일 목사가 계속해서 건전한 채로 있다면, 만일 그가 한편으로는 철학에 빠지지 않고, 다른 한편으로 교리의 편협성에 빠지지 않는다면, 그것에 대한 감사가 있어야 한다. 만일 하나님이 일반 대중에게 가르침을 듣고자 하는 의지를 주신다면, 그리고 무엇보다도 만일 영혼들이 회심을 하고 성도들이 도덕적으로 향상된다면, 하나님께 대한 끊임없는 공경과 감사가 있어야 한다.

나는 지금 여러분이 알고 있는 것을 언급하고 있고, 여러분은 정신적으로 동의를 하고 있지만 그것을 마음 속 깊이 새기지는 않을지도 모른다. 그러나 만일 여러분이 오늘날 잠시나마 네덜란드에서 살게 된다면, 여러분은 곧 이 말에 감사하게 될 것이다. 그 곳을 여행하는 동안, 나는 한 때 자신들의 예배 처소였던 곳에 참여할 수 없었던 경건한 사람들, 즉 내가 아름다운 성찬식을 거행할 수 있었던 하나님의 사람들과 함께 여러 집에 머물

렀다. 그들은 왜 참여할 수 없었는가? 그들은 이렇게 대답한다. "목사님, 대부분의 사역자들-개혁교회 사역자들 뿐만 아니라 네덜란드에 있는 모든 종파의 사역자들-이 성경의 모든 말씀을 부인하는데 어떻게 제가 예배 처소에 갈 수 있겠어요? 칼빈이나 루터의 정관(Calvinistic or Lutheran articles)에 맹세하고는 강단으로 가서는 부활의 진실성을 부인하거나 예수님의 승천은 단순한 영적 비유라고 주장하는 배교자들의 말을 제가 어떻게 들을 수 있겠어요?"

네덜란드에서 그들은 우리보다 50년 앞서 부인하는 것이다. 만일 어떤 파에 속한 사람들이 증가하도록 내버려둔다면, 우리도 머지않아 그들과 다를 바 없게 될 것이다. 네덜란드 사역자들은 신교리(Neologianism)를 주창하는데 장족의 진보를 했고, 그로 인해 진리를 사랑하는 사람들은(그리고 그것을 기꺼이 들으려고 하는 사람들이 많이 있다) 자신들이 교회에 참석함으로 매 주일 설교를 통해 전해지는 이단적이며 잘못된 교리들에 동의하는 것으로 비춰지지 않도록 하기 위해 교회에 가는 것을 절대적으로 거부하지 않을 수 없는 지경에까지 이르게 되었다.

만일 하나님이 즉시 영국에서 복음을 용감하게 그리고 분명하게 설교하는 사역자들을 거두어 가시려 한다면, 여러분은 여러분에게 촛대를 다시 돌려달라고 하나님께 부르짖을 것이다. 우리는 실로 영국에 대해 이렇게 말할지도 모른다. "그대의 모든 단점들에도 불구하고, 나는 여전히 그대를 사랑합니다." 우리에게는 진리에서 벗어나고 있는 모든 교단에 속한 사람들이 많이 있다. 그러나 그들은 아직까지는 별것 아니다. 그들은 그리스도의 교회들에 비교할 때 물통 안에 있는 한 방울의 물이다. 그러나 우리들 중에 우리가 칼빈주의자가 아니기를 바라는 사람들은 절대로 성경의 영감을 반박하거나 이신득의의 진리를 의심하지 않는다. 우리에게는 아직도 복음의 진리 전체를 설교하는 충실한 사람들이 있다.

여러분의 사역자들에게 감사하라. 만일 여러분이 몇몇의 신자들이 있는 곳에 있게 된다면, 여러분은 하나님께 이렇게 부르짖을 것이다. "주님, 우리에게 주님의 예언자들을 다시 보내주옵소서. 우리에게 빵이나 물의 기근을 보내주실지언정, 말씀의 기근만은 보내지 말아주옵소서!"

나는 내가 방금 돌아온 화란에서 몹시 힘든 일을 할 때 하나님이 나를 도우신 것으로 인해 그분을 찬송한다. 하나님이 그 나라에서 모든 사람들 중에서 내 편을 들어주신 것으로 인해 그분을 찬송한다. 나는 지금 나에 대한 칭찬이 아니라 하나님을 찬송하는 것에 대해서 말하고 있다. 왜냐하면 그것은 내가 한 서원이기 때문이다. 즉 만일 하나님이 수확물을 주신다면, 나는 그것들 중에서 곡물의 이삭도 가지지 않고, 그분에게 모두 다 바칠 것이다. 나는 내가 가는 곳마다 아주 많은 사람들, 즉 설교자인 나를 알 수 없었지만 내 얼굴을 보기를 원했던 많은 사람들을 보았다. 왜냐하면 하나님은 내가 그들의 영혼에 했던 번역된 설교들을 축복하셨기 때문이다. 나는 나를 형제같이 친절하게 대해 주고 자신들의 눈에 눈물을 머금고 화란어로 내 머리에

온갖 축복을 기원했던 많은 사람들을 보았다. 나는 약 오십 명 정도나 백 명 정도의 사람들에게 설교하고 싶었다. 그렇기는커녕 사람들이 너무 많아서 큰 예배당들이 그리 넓지 않았다. 그로 인해 나는 놀랐고 만족했고 하나님 안에서 기뻤다.

나는 모든 부류의 사람들 속에서 나를 지지해주신 하나님께 감사한다. 빈곤한 사람들이 악수를 하기 위해 몰려들어 나를 끌어당기는 바람에 내 몸이 거의 찢어질 정도가 되었지만, 화란 여왕의 마음을 움직여 나를 부르러 보낸 것은 하나님을 기쁘시게 했다. 한 시간 이상에 걸쳐 나는 우리의 평화에 기여하는 것들에 관해 그녀와 대화를 나누는 특권을 부여받았다. 나는 그녀와의 면담을 요청하지 않았지만, 그녀가 나를 만나기를 원했다. 그 때 나는 오직 예수님께 대해서만 말하고 또 그녀에게 예수님만을 전할 수 있도록 내 혼을 하나님께 올려드렸다. 그러므로 그것은 나를 도우시는 주님을 기쁘시게 했으며, 나는 피하지 않고 하나님의 계획 전체를 선포한 다음 그 매우 상냥한 여왕을 떠나왔다.

나는 모든 교단들이 나를 진심으로 환영해주어서 정말로 기뻤다. 그러므로 나는 토요일 아침에 암스테르담에 있는 메노나이트 교회에서 말씀을 전했고, 저녁에는 올드 화란 개혁 교회(the Old Dutch Reformed Church)에서 말씀을 전했다. 다음 날 주일 아침에 나는 영국 장로교회에서 말씀을 전했고, 저녁에는 다시 화란 자유 교회에서 말씀을 전했다. 내가 때때로 큰 예배당들(the great cathedrals)에서 말씀을 전할 때, 가난한 사람들이 출석했을 뿐만 아니라 영국을 배울 수 있는 기회를 갖지 못한 대부분의 가난한 사람들보다 영국을 더 잘 이해할 수 있는 그 나라의 귀족들과 신사계급들도 참석했다.

나는 이 고을 저 고을을 다니는 동안 주님이 나로 하여금 계속해서 설교하도록 도우시는 것을 느꼈다. 나는 전에는 결코 그와 같은 성령의 탄력, 내 삶 속에서 그와 같은 마음의 풍부함을 알지 못했다. 나는 매일 두 번 설교했지만 돌아올 때 지치거나 피곤하지 않고 오히려 내가 처음 떠날 때보다 힘과 원기가 더 넘쳤다. 나는 인쇄된 설교문들을 읽고서 회심하게 된 많은 영혼들로 인해, 그리고 많은 눈물을 흘리면서 배에까지 따라와서는 "너(여기서는 스펄전 목사와 일행을 의미함-역주)는 겨울 전에어서 오라"(딤후 4:21)고 우리에게 말하면서 그리고 우리로 하여금 한번 더 그 땅에서 하나님의 말씀을 전해달라고 간청하던 사람들의 애정 어린 축복으로 인해 하나님께 영광을 드린다.

이것에는 자만심이 좀 섞여 있을지도 모른다. 주님은 그것이 그런지, 그렇지 않은지를 알고 계신다. 그러나 나는 그것을 의식하지 않는다. 나는 진정 그분의 이름을 송축한다. 그토록 많은 철학이 있는 땅에서 주님은 나로 하여금 진리만을 단순하게 전하도록 도우심으로 나는 결코 한 마디도 순전한 교리주의자로서 말하지 않고 그리스도를 그리고 오직 그리스도만을 설교했다. 사랑하는 여러분이여, 나와 함께 기뻐하라. 만일 여러분이 그렇게 하지 않는다면, 나는 홀로 기뻐해야 한다. 그러나 찬송의 덩어리가 너무 커서 나 혼자로는 그것을 전부 먹을 수가 없다.

나는 나뿐만 아니라 여러분의 사역자를 위한 기도와 칭찬이 있어야 하는 이유로서 사도 바울이 12절에서 했던 기쁨에 찬 주장을 강조할 필요가 있다.

> 우리가 세상에서 특별히 너희에 대하여 하나님의 거룩함과 진실함으로 행하되 육체의 지혜로 하지 아니하고 하나님의 은혜로 행함은 우리 양심이 증언하는 바니 이것이 우리의 자랑이라.(고후 1:12)

결국, 한 사람의 위로는 하나님의 완성된 구원과 나란히 그 자신의 양심의 증언으로부터 와야 한다. 한 사람의 사역자에게는 그가 복음을 단순하게(개정 개역판은 "거룩함"이란 말로 번역되어 있지만, 저자인 스펄전은 "단순하게"[in simplicity]로 번역되어 있는 흠정역[KJV]를 사용한다. 따라서 여기서는 책의 본문에 사용된 단어에 맞게 번역한다-역주) 설교하는 것이 진정 증언이다. 복음을 단순하게 설교하는 데는 두 가지 면이 있다. 하나는 이중성-말하는 것과 의미하는 것이 서로 다른 것-을 가지고 하지 않는 설교이다. 즉 노를 젓는 사람들이 노를 젓는 것-보는 길과 저어서 움직이는 길이 서로 다른 것-과 같이 하지 않는 설교이다. 다른 하나는 그와 반대로 정확히 말하는 것을 의미하고, 단 하나의 핵심을 가지고 있으며, 하나님의 영광과 인간의 구원을 바라는 설교이다. 그리고 복음을 단순하게-어려운 말을 사용하지 않고, 세련된 어구들을 사용하지 않고, 결코 화술의 세련미를 연구하지 않고, 결코 미사여구에 열중하지 않고-설교한 것은 참으로 축복이다. 웅변의 위풍으로 강단을 모독하는 사람의 삶은 비난받아 마땅하다. 그는 자신이 영혼들을 얻기 위해 하는 확실한 주장들보다도 자신의 연설 능력을 과시한 것을 기억할 때, 그의 임종은 참으로 절망적일 것이다. (그러나) 하나님의 진리를 단순하게 다룬 것에 대해 말할 수 있는 양심은 편안히 영면할 것이다.

바울은 또한 자신은 진실함으로 복음을 전했다고 말했다. 즉 그는 자신이 그것을 생각하고 느낀 대로 설교했고, 아무도 자신을 잘못했다고 책망할 수 없도록 그것을 설교했다. 헬라어 단어는 그 안에 햇빛에 대한 암시를 가지고 있다. 자신이 분명히 드러내기를 바라는 것을 설교하거나 자신을 통해 바르게 비취는 햇빛을 가지고 있는 사람은 하나님의 참된 사역자이다. 나는 우리 중 투명한 유리 같은 사람이 아무도 없지나 않을까-우리들 대부분은 조금씩은 채색 되어있다-염려된다. 그러나 복음의 빛은 의의 태양이신 예수 그리스도(the Sun of Righteousness)로부터 나오듯이 그를 통해 곧장 빛나도록 채색 물질을 가능한 한 많이 제거하려고 노력하는 사람은 행복하다.

바울은 단순함(성경 본문에서는 거룩함-역주)과 진실함으로 설교했다. 그리고 그는 "육체의 지혜로 하지 아니하고"를 덧붙였다. 아, 나는 육체의 지혜가 하는 일에 대한 이야기들을 들었다! 나는 지난 두 주간 동안 소중한 교훈 하나를 배웠는데 영국도 그것을 배우기를 바란다. 네덜란드에는 신학적 오류 학파가 셋 있다. 각 학파는 자기 동료의 등을 짚고 넘어간다. 그들 중 어떤 사람들은, 성경의 사실들은 단지 신화라고 주장한다. 또 어떤 사람들은 성경에는 비록 많은 잘못들이 있지만 좋은 것들도 있다고 말한다. 그리고 또 다른 사람들은 한 걸음 더 나아가 그것의 영감에 관해서 성경 전체를 전적으로 저버린다. 비록 그들이 자신들은 단지 교육을 받지 못한 사람들을 교화하기 위해서 그렇게 하고, 그저 대중들을 위해서 그것을 지지하면서(내가 '단지 자신들의 생계를 꾸려나가기 위해서'란 말을 첨가해야 함에도 불구하고), 여전히 그것을 설교하고 그것에 의존할지라도 말이다. 교회가 그 정도까지 가다니 참으로 슬프다. 올드 화란 개혁교회는 칼빈주의의 참된 모범으로서 우리가 사랑하는 모든 교리들의 신조에 꿋꿋하고 확고하게 서 있음에도 불구하고, 자유주의적(latitudious)이고 방탕한 자유로 빗나갔다. 진정으로 우리는 육체의 지혜를 공공연히 비난한다!

친애하는 신우 여러분, 여러분이 사역자의 말을 들을 때, 여러분 중 어떤 사람들은 그가 메시지를 만족스럽게 말하기를 원할까 염려된다. 만일 그가 어느 정도의 재능을 보여주지 않는다면, 여러분은 단점을 발견하게 된다. 나는 그것이 죄가 아닌지 미심쩍게 생각한다. 나는 어느 정도 그것이 죄라고 생각하고 싶은 마음이 든다. 나는 때때로 우리가 재능보다도 선포되는 복음의 문제에 좀더 주의를 기울여야 하는 것은 아닌지 생각한다. 나는 비록 우리가 화술이 탁월한 복 받은 사람에 의해 더 많이 도움을 받을지라도, 그것은 약점인지 아닌지 생각한다. 나는 현세에 사람들에게 아무런 도움이 되지 않으면서 단지 그들이 하나님의 단순함(거룩함)을 왜곡시키는 것을 돕는 온갖 종류의 배움을 주는 것도 마다하지 않기보다는 오히려 우리가 어부들의 시대로 되돌아가서 사람들에게 아무런 교육을 제공하지 않고 그들을 보내 그저 진리를 단순하게 설교하도록 하는 것은 어떤지 생각한다. 나는 우리의 본문에서 "육체의 지혜로 하지 아니하고"라는 말씀을 무척 좋아한다.

그런데 나는 내 양심이 내게 증언하는 대로 주장한다. 사도 바울이 했던 자랑을 나도 동일하게 주장한다. 나는 단순함(거룩함)으로 하나님의 복음을 전했다. 나는 진실함으로 그것을 전했다. 모든 마음을 탐색하시는 분이신 하나님(Searcher)은 그것을 알고 계신다. 나는 한 가지 이유 때문에 그것을 육체의 지혜로 전하지 않았다. 나는 나 자신의 어떠한 지혜도 가지고 있지 않으며 주님의 단순한 증언을 고수하지 않을 수 없었다. 그러나 만일 무언가 내가 한 것이 있다면, 그것은 하나님의 은혜로 된 것이다. 만일 어떤 것이든 성공을 거둔 것이 있다면, 그 모든 것을 행한 것은 바로 은혜였다.

"특별히 너희에 대하여." 비록 우리의 말이 많은 지역에 이르고 우리의 증언이 지구를 띠로 두를지라도, 여러분의 목사의 사역은 특별히 여러분에게로 향한다. 우리는 여러분에게 주의를 주었다, 우리는 여러분에게 맡겼다. 우리는 여러분에게 강력히 권고했다. 우리는 여러분에게 간청했다. 우리는 여러분에 대하여 눈물을 흘리며 애통해했다. 우리는 여러분을 위해 기도했다. 우리는 여러분 중 몇몇 사람들에게 그리스도 안에서 영적인 부모였다. 우리는 여러분 중 많은 사람들에게 수양 아버지가 되기를 바라고, 여러분 중 많은 사람들에게 복음 안에서 교사와 훈육자(edifier)가 되기를 바라며, 여러분 모두에게 그리스도 예수 안에서 신실한 친구가 되기를 바란다. 그러므로 나는 여러분에게 여러분의 목사를 위해 기도하라고 요청한다. 비록 우리를 기억하고 우리를 위해 기도하는 사람들이 많이 있을지라도, 우리의 노력은 "특별히 너희(여러분)에 대하여" 하는 것이므로, 특별히 우리를 위해 기도하라고 나는 여러분에게 강력히 권고한다. 여러분 중에는 내가 여러분이 기도하지 않는다고 생각하는 것은 몰인정하다고 말하는 사람들이 있을 것이다. 나는 그것이 몰인정하다고 생각하지 않는다. 그러나 나는 여러분 중에 우리를 위해 하나님께 간청하고 감사하는 것을 잊는 사람들이 있다는 것을 알고 있다. 우리를 위해 계속 기도하라. 주님이 여러분을 훈육하고 권고하도록 여러분에게 우리를 주신 것을 기뻐하라.

아직 여러분의 회중 전체가 구원을 받은 것이 아니다. 우리의 말을 듣고는 있지만 아직 회심하지 못한 사람들이 있다. 그들을 위해 하나님께 간청하라. 아직 깨지지 않은 굳은 마음들이 있다. 망치로 쳐달라고 하나님께 요청하라. 아직도 마음이 녹지 않은 사람들이 있는 동안 줄곧, 불같은 말씀을 달라고 하나님께 기도하라. 여러분의 사역자들을 강하게 해 달라고 그들을 위해 기도하라. 교회는 잠에서 깨어나기 위해 하나님의 큰 목소리가 더 많이 필요하다. 하나님이 임명하신 그분의 모든 종들을 축복해 달라고 그분께 요청하라. 하나님의 나라가 임하게 해달라고, 그리고 그분의 뜻이 하늘에서 이루어진 것 같이 땅에서 이루어지게 해 달라고 힘차게 그분께 간구하라.

나는 여러분 모두가 예수님을 믿도록 기도한다. 왜냐하면 여러분은 예수님을 믿기 전까지 기도나 찬양을 할 수 없기 때문이다! 아, 여러분 모두가 예수님을 믿는다면! 그것이 구원의 유일한 방법이라는 것을 기억하라. 예수님을 믿어라. 왜냐하면 "그를 믿는 자는 심판을 받지 아니하는 것이요 믿지 아니하는 자는 하나님의 독생자의 이름을 믿지 아니하므로 벌써 심판을 받은 것이"기 때문이다(요 3:18).

예수님을 믿어라. 그러면 여러분은 구원을 받을 것이다. 그리스도께서 여러분을 받아주시기를 바란다. 그분 자신의 사랑을 위해서. 아멘.

6장 | 평생의 일

> 그러므로 우리는 예수로 말미암아
> 항상 찬송의 제사를 하나님께 드리자
> 이는 그 이름을 증언하는 입술의 열매니라.
> (히 13:15)

이 구절이 단락 전체에서 어디에 있는지를 주목하는 것은 유익하다. 문맥은 이 주옥같은 본문에 중요한 배경이다. 이 구절은 하나님 앞에서 신자의 지위를 묘사한다. 7는 모든 세속적인 정례의식을 버리고, 모세법의 의례들에 관심이 없다. 모든 외관상의 예표들의 실체이신 예수님을 믿는 신자들인 우리는 더 이상 황금제단이나 돌제단과 아무런 관계가 없다. 우리의 제단뿐만 아니라 우리의 예배는 영적이다.

우리는 제단을 쌓지 않네.
그리스도께서 죽으셨네.
그래서 우리는 제사장의 제단을 꾸미지 않네.

그러면 무엇을 해야 하는가? 우리는 제사를 드리지 말아야 하는가? 전혀 그렇지가 않다. 우리는 계속해서 하나님께 제사를 드리도록 부름을 받는다. 아침과 저녁에 양의 제사를 드리는 대신에, 그리고 어떤 거룩한 날들에 수송아지들과 양들을 가져다가 도살하는 대신에, 우리는 항상 찬송의 제사를 하나님께 드려야 한다. 외적 제사와 절교했으므로, 이제 우리는 내적 제사와 영적 제사로 우리 자신을 온전히 드린다. 사랑하는 여러분이여, 여러분은 여러분의 부르심을 알고 있는가?

게다가, 신자는 만일 그가 자신이 있어야 하는 곳에 있다면 이제 "영문 밖"의 자신의 주님과 같다. "그런즉 우리도 그의 치욕을 짊어지고 영문 밖으로 그에게 나아가자"(히 13:13). 그러면 무엇을 해야 하는가? 만일 우리가 영문 밖에 있다면, 우리는 할 것이 아무 것도 없는가? 우리는 사람들뿐만 아니라 하나님과 관계가 끊겼는가? 우리는 세상에 속하지 않기 때문에 안달복달하는가? 그와 반대로, 더 높은 수준의 목적들을 열정적으로 추구하고, 하나님을 찬송하고 영광을 돌리는 일에 우리의 해방된 영들을 내어드리자.

우리 주님이 당하신 것처럼, 우리도 모욕을 당하는가? 그것은 우리가 "치욕을 짊어지"는 것인가? 우리는 절망 가운데 주저앉아 있어야 하는가? 우리는 이 부담에 압도당해야 하는가? 아니다. 실로 우리 자신은 명예를 실추하는 반면, 우리 하나님께는 영광을 돌릴 것이다. 우리는 우리가 그리스도를 위하여 비난받을 만한 가치가 있다고 여겨지는 모든 것을 기쁨으로 여길 것이다. 이제 항상 하나님을 찬송하자. 그분의 이름을 한층 더 담대하게 고백하는 것이 우리 입술의 열매가 되게 하자. 한층 더 진정으로 그분의 영광과 그분의 은혜를 알자. 치욕이 쓰다면, 찬송은 달콤하다. 우리는 꿀의 바다에 고통의 방울들을 떨어뜨릴 것이다. 만일 우리 이름을 좋지 않은 것(evil)으로 내던지게 하는 것이 우리를 손상시키는 것처럼 보인다면, 한층 더 주님의 이름에 마땅히 돌려야 하는 영광을 그분께 드리도록 주의하자. 적이 우리를 계속해서 비난하는 동안, 우리의 최적의 반응은 항상 "찬송의 제사"를 주 우리 하나님께 드리는 것이어야 한다.

　게다가, 그 사도는 "우리가 여기에는 영구한 도성이 없으므로"(히 13:14)라고 말했다. 그러므로 우리는 그 도시의 영구함을 찬양으로 바꿀 것이다. "우리는 예수로 말미암아 항상 찬송의 제사를 하나님께 드리자." 만일 이 세상에 있는 모든 것이 가고 있다면 가게 하자. 그러나 우리는 노래하는 것을 멈추지 않을 것이다. 만일 모든 것의 끝이 가까이 왔다면, 그것들로 끝나게 하자. 그러나 살아 계신 하나님께 대한 우리의 찬송은 항상 세상에 남을 것이다. 이 세상 시민권의 모든 훼방하는 영향으로부터 자유롭게 되면, 우리는 천국 시민들의 일을 시작할 것이다. 새로운 사회주의를 조정하는 것은 우리의 일이 아니다. 이어 받은 것을 분배하는 사람들이 되는 것은 우리의 일이 아니다. 우리는 이 세상에 속하지 않은 나라, 즉 하늘에 있는 영원한 하나님의 도성에 속한다. 정치가들의 꿈을 뒤쫓는 것은 우리의 일이 아니다. 우리의 일은 하나님이 임명하신 제사장들(priests)의 제사를 드리는 것이다. 우리는 이 세상에 속하지 않기 때문에, 도래하고 있는 세상을 추구하고 그리스도 안에 있는 성도들이 영원히 다스릴 곳을 향해 밀고 나아가는 것이 우리의 일이다.

그러므로 사랑하는 여러분, 여러분은 본문이 다소 그것의 문맥에서 생각지도 않은 본문이라는 것을 알고 있다. 그러나 정확히 이해한다면, 그것은 실제로는 가장 적합한 본문이다. 우리가 낯선 땅에서 낯선 사람들이라는 느낌이 들수록, 우리는 더욱 우리가 함께 머무르는 하나님을 찬양하는 일에 몰두해야 한다. 우리는 세상에 대해 십자가에 못 박혔고, 세상은 우리에게 대해 십자가에 못 박혔으므로, 우리의 유일한 신뢰와 기쁨이신 하나님을 찬송하는 일에 전력을 쏟자. 아, 세상이 무엇을 하든지, 항상 하나님을 찬송하고 결코 그분을 찬송하는 일을 방해받지 않았으면!

사랑하는 여러분, 나의 가장 중요한 일은 하나님이 여러분 중 많은 사람들을 예수 그리스도로 말미암아 "하나님을 위하여 나라(kings)와 제사장"(계 1:6)으로 삼으신 대로 여러분을 각성시켜 여러분의 거룩한 직분을 수행하게 하는 것이다. 그것을 위해서 나는 먼저 그리스도인과 관련하여 제사를 설명할 것이고, 둘째로 그것의 내용을 검토할 것이고, 셋째로 그것의 실천을 권고할 것이며, 끝으로 즉시 그것을 시작하라고 촉구할 것이다.

첫째, 신자와 관련하여 제사를 설명하겠다. "그러므로 예수로 말미암아." 어떤 희생 제사든 하나님께 제사를 드릴 때, 우리는 그리스도와 함께 시작한다. 우리는 예수님 없이는 한 걸음도 나아갈 수 없다. 중보자이신 예수 그리스도 없이는 우리는 하나님께 나아갈 수 없다. 그리스도를 제쳐놓고 하나님이 받으실만한 기도는 없다. 어떤 종류의 만족스러운 희생제사도 없다. "그러므로 예수로 말미암아." 우리는 "성문 밖에서 고난을 받으"(히 13:12)신 예수님이 없이는 쾌히 받아들일 수 있게 입을 움직일 수 없다.

우리가 신앙을 고백하는 대제사장이신 예수 그리스도는 성전 문에서 우리를 맞이하신다. 우리는 그분이 우리를 대신하여 우리의 제물을 바치실 수 있도록 그것을 그분의 손에 드린다. 나는 여러분이 다른 방법을 원하지 않을 것이라고 확신한다. 만일 여러분이 그분 없이 어떤 일을 한다면, 여러분은 두려움을 느껴 그것을 하지 못할 것이다. 여러분은 그분이 여러분과 함께 하실 때만 안심할 수 있으며, 여러분은 "사랑하시는 자 안에서 거저" 받는다(엡 1:6). 여러분이 거룩한 예배를 시작할 때, 여러분의 눈은 우리 주님을 향하게 되는 것을 감사하라. 여러분은 예수님을 바라보면서 항상 제사를 드려야 한다. 우리의 위대한 멜기세덱(예수 그리스도)이 우리를 맞이하시는 것을 보라! 그분께 모든 것의 십일조를 드리고 우리에게 천 배로 보답해주시는 그분의 축복을 받자. 절대로 위험을 무릅쓰고 그분을 제외시킨 채 제물을 드리지 말자. 그것이 가인(Cain)의 제물이나 어리석은 자들의 제물이 되지 않도록 말이다. 그분은 선물과 그것을 드리는 사람 둘 다를 거룩하게 하시는 제단이시다. 그러므로 예수님으로 말미암아 우리의 찬송과 시혜(almsgiving)의 제사를 하나님께 드리자.

다음으로 이 제사는 항상 드려야 한다. "그러므로 우리는 예수로 말미암아 항상 찬송의 제사를 하나님께 드리자 이는 그 이름을 증언하는 입술의 열매니라." "항상"이란 말을 주의 깊게 마음에 새기라. 여러분은 "우리는 안식일(Sabbath)에 하나님을 찬송하지 않을 수 없었다"라고 말하지 않을 것이다. 물론이다. 나는 그와 같은 특별한 경우를 위한 본분을 다하라고 여러분을 권고하지 않았다(그것은 당연한 것이기 때문이다). 본문은 "항상"이라고 말하며, 그것은 한 주간인 칠일을 의미한다. 나는 여러분에게 "그(히브리서 저자)는 우리가 아침에 잠에서 깰 때, 그리고 저녁에 잠자리에 들기 전에 하나님을 찬송해야 한다는 것을 의미한다"고 말하라고 하지 않을 것이다. 물론, 그것을 충실하게 하라. 그러나 그것은 내가 여러분에게 말하려고 하는 것이 아니다.

"항상 찬송의 제사를 하나님께 드리자." 다시 말하면, 쉬지 말고 찬송의 제사를 하나님께 드리자. "쉬지 말고 기도하라"(살전 5:17)는 말씀을 유추하여 다음과 같이 말해보자. "쉬지 말고 찬송하라." 우리는 이곳이나 저곳뿐만 아니라 모든 곳에서, 그리고 여러분이 행복한 마음의 상태로 있을 때뿐만 아니라 의기소침하고 마음이 불안할 때에도 주 우리 하나님을 찬송해야 한다. 분향단에서 발하는 향기가 연초부터 연말까지 밤낮 하늘을 향해 올라간다. 우리가 성도들의 모임에 있을 때뿐만 아니라 죄인들이 모이는 허영의 시장(Vanity Fair)을 지나가도록 부르심을 받을 때에도 우리는 하나님을 찬송해야 한다. "여호와를 항상 송축"하라(시 34:1). 여러분이 하나님과 나누는 향기가 가득한 여러분의 은밀한 공간에서뿐만 아니라 들에서, 거리에서 그리고 분주하고 시끄러운 거래소에서 하나님께 찬송의 제사를 드려라.

여러분이 항상 말로 하나님을 찬송할 수 있는 것은 아니다. 그러나 여러분은 항상 삶으로 그분을 찬송할 수 있다. 하나님을 찬송하기로 굳힌 우리의 마음은 산의 경사면 아래로 빠르게 흘러가는 개울처럼 그것의 결정된 진로로 계속해서 조용히 흘러갈 것이다. 성스러운 감사가 흠뻑 스며든 영혼은 찬송의 거룩한 향기를 발할 것인데, 그 향기는 모든 곳의 공기에 스며들어 달콤함을 분간할 수 있는 영적 콧구멍을 가지고 있는 모든 사람들은 그것을 알게 될 것이다.

한 순간이라도 하나님을 찬송하는 일을 중지하는 것이 정당할 수 있는 순간은 없다. "그러므로 우리는…항상 찬송의 제사를 하나님께 드리자." 이것은 몇몇 사람들-목사들, 장로들, 집사들 그리고 특별한 일꾼들-뿐만 아니라 모든 신자들이 해야 하는 것이다. 그 사도(히브리서의 저자)는 "하자"라고 말했다. 따라서 그는 그리스도의 큰 희생제사에 참여하는 우리 모두에게 그리스도와 함께 "영문 밖"으로 나가 그곳에서 그분과 함께 우리의 자리에 서서 항상 찬송의 제사를 하나님께 드리라고 호소한다. 그때에 여러분은 그 두 가지 중요한 요점이 계속해서 항상 그리스도로 말미암는다는 것을 깨닫게 된다.

바울은 나아가 제사란 무엇인지-찬송의 제사-를 우리에게 말한다. 찬송은 심장의 예배 또는 경배다. 경배는 지상에서의 섬김의 최고 형태이다. 우리는 살아 계시며 참되신 여호와 하나님 한 분께만 모든 존경과 영광을 돌린다. 우리가 그분이 행하시는 일들을 볼 때, 우리가 그분의 말씀을 들을 때, 우리가 그분의 은혜를 맛볼 때, 우리가 그분의 섭리에 주목할 때, 우리가 그분의 이름을 재빨리 알아차릴 때, 우리의 영은 그분 앞에 가장 겸손한 마음으로 절하며 그분을 영광의 주님으로 찬송한다. 항상 경배의 영 안에 거하자. 왜냐하면 그것이 가장 순전한 (형태의) 찬송이기 때문이다.

찬송은 마음의 신뢰이며 하나님께 대한 마음의 만족이다. 신뢰는 실제적인 목적들에 적용된 경배이다. 하나님이 명하시는 대로 모든 것을 하기로 작정하면서, 그리고 그분이 모든 것을 멋지게 조정하실 것을 믿으면서 하나님을 신뢰하는 세계로 나아가자. 왜냐하면 하나님의 성격과 그분의 계명들은 우리에게 무거운 것이 아니기 때문이다. 우리는 주님이 기꺼이 자기 자신을 계시하실 때 그분을 기뻐한다. 그 계시가 무엇이든지 말이다. 우리는 하나님이 계신 것뿐만 아니라 "그가 자기를 찾는 자들에게 상 주시는 이"(히 11:6)라는 것을 믿는다. 주님을 찬송하자. 그러므로 비록 우리의 일이 우리에게 즉각적인 보답을 가져다주지 않을지라도, 우리는 좌절하지 않게 될 것이다. 왜냐하면 그분은 우리의 믿음의 일을 잊으실 만큼 부당하지 않으시다는 것을 우리는 확신하고 있기 때문이다.

무엇이든 하나님이 하시거나 정하시는 것에 완전히 만족함으로 그분을 찬송하자. 하나님과 또 그분과 관계가 있는 모든 것을 거룩하게 기뻐하자. 그분으로 하여금 우리에게 "(우리의) 큰 기쁨의 하나님"(시 43:4)이 되시게 하자. 여러분은 하나님 안에서 여러분 자신을 기뻐하는 것이 무엇인지 아는가? 그렇다면 계속해서 그 만족을 누리면서 그분께 항상 찬송을 드려라. 하나님이 삶 속에 계시면, 그 전체 안에 계시면, 그것은 더 이상 슬프지 않다. 심지어는 슬픔의 한복판에서도 그렇다. 우리가 하나님을 알고 그분의 사랑을 맛보는 한에서, 가장 괴롭고 힘든 삶을 사는 것은 그럴만한 가치가 있다. 그분만이 우리에게 하나님이 되시고 우리로 하여금 자신을 우리 아버지요 우리 하나님으로 부르시게 허락하시는 한에서, 그분으로 하여금 그분이 보시기에 좋은 것을 하시게 하라.

찬송은 마음의 누림, 즉 감사와 경이에 빠지는 것이다. 주님은 나를 위해 아주 많은 것을 행하셨기에 나는 그분을 찬송하지 않을 수 없다. 그렇지 않으면 나는 내 안에 불의 뚜껑을 넢은 섯처럼 느끼지 않을 수 없다. 나는 여러분 중 많은 사람들을 위해 말해도 될 것이다. 왜냐하면 여러분도 "하나님이 우리를 위해 '큰 일을 행하였음이니라'(요엘 2:20)"고 말하고 있기 때문이다. 주님은 여러분에게 큰 은총을 베푸셨다. 땅이 존재하기 전에 그분은 여러분을 선택하셨고 여러분과 언약을 맺으셨다. 그분은 자신의 아들에게 여러분을 주셨고 여러분에게 자신의 아들을 주셨다. 그분은 세상에 자신을 나타내지 않으실 때 여러분에게는 나타내셨다. 지금도 하나님은 여러분 안으로 아이 같은 영을 불어넣으시며, 그것으로 여러분은 "아빠 아버지"(롬 8:15)라고 큰 소리로 말한다. 의심할 바 없이, 여러분은 그분을 찬송하지 않을 수 없다! 만일 여러분이 그분을 찬송하지 않는다면, 도대체 여러분은 어떻게 여러분의 심장이 갈망하는 것을 만족시킬 수 있겠는가? 하늘이 땅 위에 솟아 있는 것처럼, 여러분의 의무들도 여러분 위에 솟아 있다. 여러분의 영혼의 배는 이 사랑의 바다에 가라앉아 그 속으로 50패덤(fathoms, 약 1.8미터-역주) 깊이까지 내려갔다. 영원한 자비의 대양은 측량할 수 없는 은혜의 파도들과 함께 그 배의 돛대 꼭대기 너머로 높이 굽이치고 있다. 여러분은 무한한 사랑의 깊이를 잴 수 없는 심연 속으로 삼켜진 바 되었다. 여러분은 경이와 애정을 찬송하는 일에 열중한다. 레아가 유다를 낳고 외쳤던 것처럼, 여러분도 "내가 이제는 여호와를 찬송하리로다"(창 29:35)라고 외친다.

이에 더하여, 여러분 안에서 하나님께 대한 강렬한 사랑이 불타는 동안, 여러분은 심장이 느끼는 것을 찬송하지 않는가? 여러분은 하나님을 사랑하듯이 다른 사람들을 사랑할 수 있는가? 여러분은 이 땅에서 가장 사랑하는 사람들 위에다 여러분의 사랑의 개울을 다 쏟아 부은 다음에도, 이 세상의 모든 그릇들이 수용할 수 없는 더 많은 것을 내면에 가지고 있다고 느끼지 않는가? 우리가 다른 한 사람을 사랑하는 한에서, 사람의 마음은 계속해서 사랑을 낳을 수 있으며, 그 개울은 그것이 흘러 들어가는 저수지보다 훨씬 넓다. 한없이 사랑하시는 하나님만이 진정으로 사랑하는 마음의 모든 사랑을 수용하실 수 있다. 여호와 하나님이 마음의 유일한 사랑의 대상이 될 때, 마음이 건강하고 그것의 감정이 충만하게 된다. 내 하나님, 내가 하나님을 정말로 사랑하나이다! 하나님은 모든 것을 알고 계시나이다. 하나님은 내가 하나님을 사랑하는 것을 알고 계시나이다.

우리가 주님에 관해 읽는 몇몇 엄격한 진리들 때문에 주님을 트집잡는 대신에, 우리는 그 진리들 안에서 우리의 이성을 그분의 계시에 굴복시킴으로 그분을 예배할 수 있다. 그럼에도 불구하고 우리는 우리가 이해할 수 없는 분을 믿으며, 우리가 믿고 있는 분을 경배한다. 우리의 일은 전능하신 하나님을 탓하는 것이 아니라 그분께 복종하는 것이다. 우리는 그분의 검열관이 아니라 그분의 종들이다. 우리는 법을 제정하는 것이 아니라 사랑한다. 전능하신 하나님은 선하시고, 우리가 생각하는 바로는 최고로 선하시며, 우리는 마음 속 깊이 그분을 한없이 송축한다. 우리는, 하나님은 어떤 분이어야 하는가를 숙고하는 것이 아니라 그분은 어떤 분인가를 배우며, 그러한 분으로서 우리는 그분을 사랑하고 경배한다. 따라서 나는 찬송의 대요를 일반적으로 언급하고 있지만, 찬송이란 진정 무엇인가는 여러분 각자가 스스로 깨달아야 한다.

본문은 말로 하는 찬송을 분명하게 다룬다. "그러므로 우리는 예수로 말미암아 항상 찬송의 제사를 하나님께 드리자 이는 그 이름을 증언하는 입술의 열매니라." 또는 개역판(the Revised Version)은 "그의 이름을 고백하는 입술의 열매"라고 표현한다. 따라서 우리는 하나님을 찬송해야 하며, 경배의 감정을 느끼는 것만으로는 충분하지가 않다. 신자들의 제사장직(priesthood of believers)은 그들에게 그들의 입술로 하나님을 찬송하도록 요구한다. 우리는 우리가 찬송하는 것보다 훨씬 더 많이 찬송해야 하지 않을까? 시가와 찬송과 영적 노래가 우리 가정에 충만해야 한다. 가능한 한 많은 찬송을 부르는 것이 우리의 의무이다.

우리는 기도하는 만큼 찬송도 불러야 한다. 어떤 이는 "난 목소리가 안 나오는데요!"라고 말한다. 목소리가 나올 때까지 그것을 길러라. "하지만 내 목소리는 쉰 목소리인데요." 아, 글쎄 사람들의 귀에는 쉰 목소리일지 모르지만 하나님께는 아름다운 소리일 것이다. 하나님께서는 음악이 마음에 있지 소리에 있지 않다. 노래와 시가로 주님을 찬송하라. 내가 알고 있는 많은 경건한 사람들은 계속해서 거룩한 노래들을 흥얼거리면서 들판을 거닐고 길을 따라 걸어갔다. 그들은 우리 왕이신 하나님의 음유시인들이며 음악가들이다. 행복한 직업이로다! 바라건대 우리 중의 많은 사람들이 그와 같은 천국의 새들이 되기를 빈다! 신앙심 없는 세상이 어떻게 자기의 웃음을 터뜨리는지 들어 보라. 때때로 그들의 노래는 너무나 어리석어서 그것은 아무런 의미가 없다. 그들은 부끄럽지 않은가? 그렇다면 우리는 부끄럽게 되지 않도록 하자. 하나님의 자녀들이여, 시온의 노래들을 노래하며, 여러분의 마음이 여러분의 왕이신 하나님 앞에서 기쁘게 하라. "즐거워하는 자가 있느냐 그는 찬송할지니라"(약 5:13).

그러나 만일 우리가 바라는 대로 노래를 잘 할 수 없거나 항상 노래할 수 없다면, 말로 하자. 우리는 우리가 말할 수 없다고 말할 수 없다. 필시 사람들 중에는 그들이 전적으로 그렇게 많은 말을 할 수 없다면 더 나은 이들이 있을 것이다. 우리가 계속해서 분명하게 말할 수 있을 때, 하나님의 이름을 좋게 말함으로써 항상 찬송의 제사를 하나님께 드리자. 하나님이 행하신 모든 놀라운 일들에 대해 이야기하자. "주의 크신 은혜를 기념하여 말하"자(시 145:7). "여호와의 인자하심과 인생에게 행하신 기적으로 말미암아 그를 찬송"하자(시 107:8).

여러분이 판단하기에 자신들이 종교적이 아니라고 생각하는 많은 사람들도 만일 여러분이 그들에게 여러분을 향한 하나님의 사랑에 대한 개인적인 이야기를 들려준다면 큰 흥미를 느낄 것이다. 그러나 비록 그들이 흥미를 느끼지 못한다할지라도, 여러분에게는 그것에 대한 책임이 없다. 그냥 기회가 있을 때마다 자주 그것을 말하라. 예수님이 병 고침 받은 사람에게 "집으로 돌아가 주께서 네게 어떻게 큰 일을 행하사 너를 불쌍히 여기신 것을 네 가족에게 알리라"(막 5:19)고 요구하셨듯이, 우리도 여러분에게 요구한다. 다른 사람들을 가르치기 위해서, 신앙을 가지고 있는 사람들을 뒷받침해주기 위해서, 그리고 믿지 않는 사람들의 의심을 패주시키기 위해서 이야기하고 다시 이야기하라. 하나님이 우리를 위해 행하신 것을 말하라.

우리 대화는 하나님을 찬송하는 것으로 보다 더 맛을 곁들일 필요가 있지 않은가? 우리는 그 안에 너무 많은 불평의 식초를 넣으면서도 감사의 설탕을 넣는 것은 잊는다. 올해 수확이 망쳐

놓는 자의 입 사이에 낚인 것처럼 보일 때, 우리 친구들은 이렇게 말한다. "그래도 상황이 조금 더 나아 보여." 그것들을 그 정도로 높이 불러일으키니 그나마 나는 기쁘다. 사람들이 일반적으로 하는 말을 들어 보라. "상황이 아주 나빠요. 사업이 형편없어요. 전에는 장사가 결코 그렇게 나쁘지는 않았는데 말이죠." 내가 소년이었을 때, 내가 아주 나쁘다고 생각했던 상황들이 실제로는 결코 그렇게 나쁘지 않았다. 나는 여태까지 상황들이 너무 나빠서 더 나빠질 수 없을 거라고 생각했다. 그런데도 웬일인지 사람들은 살아있고, 농부들조차 모두 깡마르게 되지 않았다. 의심할 바 없이, 우리는 우리의 말투를 고쳐야 하고, 하나님이 우리를 위해 행하시는 것에 대해 더욱 밝고 쾌활하게 말해야 한다! 만일 우리가 끊임없이 하나님의 섭리를 불평한다면, 어떻게 "항상 찬송의 제사를 하나님께 드"릴 수 있겠는가? 그리스도인들이여, 만일 여러분이 지금까지 불평에 빠져 지냈다면, 그것을 그냥 연약해서 순간적으로 저지른 실수로 삼고, 여러분의 바람직하고 환영할만한 상태인 만족과 감사에로 돌아가라. "그들 가운데 어떤 사람들이 원망하다가 멸망시키는 자에게 멸망하였나니 너희는 그들과 같이 원망하지 말라"(고전 10:10).

　찬송은 이것, 즉 여러분과 나는 하나님의 은혜를 말하도록 임명을 받았다는 것을 의미한다. 봄에 새들이 해가 뜨기 전에 일어나서 노래하기 시작하듯이―그 새들 모두 자기들의 힘을 다해 노래한다―하나님의 찬양대원들도 그와 같이 된다. 항상 주님을 찬송하라. 그렇게 찬송하되, 그들이 노래들과 합창곡으로 밤낮 하나님의 보좌를 돌면서 기뻐하듯이 찬송하라. 그것은 거룩하고 특권 받은 여러분의 직분이다.

어떤 사람은 "그렇지만 나는 억지로 찬송할 수가 없어요"라고 말한다. 나는 여러분이 억지로 찬송하기를 원하지 않는다. 이 찬송은 자발적이어야 한다. 그것은 입술의 열매라고 불린다. 사도 바울(저자인 스펄젼 목사는 히브리서의 저자를 사도 바울로 여긴다-역주)이 인용하는 말씀의 출처인 호세아서의 우리 번역본(흠정역 KJV)에는 "우리 입술의 수송아지"(호 14:2, 다른 영역본들은 대개 the fruit of our lips이라고 번역하고 있으며, 한글 개역개정판도 "입술의 열매"로 번역하고 있다-역주)로 기록되어 있다. 그 단어가 히브리어 원문에는 "수송아지"인지 아닌지는 논쟁 중인 문제이다. 그러나 70인역(the Septuagint)의 번역자들은 물론 그것을 "열매"로 읽으며, 이것은 더 분명하고 명백한 것처럼 보인다. 바울은 그 단어를 그 헬라어 번역에서 인용하면서 그것을 올바른 것으로 지지한다.

우리의 입술은 열매를 맺어야 한다. 우리의 말은 잎사귀들이다. 그것들은 무척 빨리 시들어버린다! 하나님께 대한 찬송은 저장해 두었다가 하나님께 드려질 수 있는 열매이다. 열매는 자연스런 소산이다. 그것은 힘의 범위를 넘어서 자란다. 즉 그것은 식물의 자유로운 소산이다. 그러므로 찬송이 여러분의 입술에서 자발적으로 나오게 하라. 하나님의 거룩한 이름을 모독하는 것이 속인들에게 자연스러운 것처럼 보이듯이, 중생의 경험을 한 여러분에게 하나님을 찬양하는 것이 자연스러운 것이 되게 하라.

  이 찬송은 꾸밈이 없고 진심에서 우러나와야 한다. 다음 구절은 우리에게 이렇게 말한다. "오직 선을 행함과 서로 나누어주기를 잊지 말라 하나님은 이 같은 제사를 기뻐하시느니라"(히 13:16). 선을 행하는 것과 하나님을 찬송하는 것은 함께 묶여 있다. 많은 사람들이 하나님께 많은 말을 하면서도 물질을 봉헌하는 형태로는 거의 약간의 참된 감사도 하지 않는다. 내가 주님의 일에 관한 많은 걱정으로 고민할 때, 나는 종종 회중 가운데 몇몇 사람이 그 사역의 금전적인 필요에 조금 더 마음을 써 주기를 바란다. 만일 그것을 나눌 수 있는 사람들이 우리의 가정 사역(home service)의 다른 부분들을 돕는다면, 나는 훨씬 편안해질 것이다. 그리스도인이 자신의 주인이신 예수님을 섬김 때 자신의 물질을 사용하는 것은 그의 기쁨이 되어야 한다. 우리 마음의 상태가 바르다면, 우리는 다른 사람이 서원을 끄집어내면서 우리에게 요청하기 전에 먼저 다가가서 이렇게 묻는다. "도와드릴 것이 있나요? 주님의 일 중 어떤 부분이 어려운가요?"

  나는 눈에 덜 띄는 사역들이 아무런 도움을 받지 못한 채 방치되는 것을 볼 때 종종 한숨이 나온다. 왜냐하면 만일 친구들이 도우라고 재촉을 받지 않는다면 그들은 그렇게 하지 않을 것이기 때문이 아니라 기회에 유의할 준비된 마음이 없기 때문이다. 그러나 그 준비된 마음은 진정으로 희생 제사의 최고 부분이다. 나는 요구받기를 기다리지 않고 교회에서, 가난한 사람들 가운데서, 또는 복음의 전파를 위해서 한 분야의 일에 대한 책임을 맡음으로써 주님의 기업을 자신들의 기업으로 만들 그리스도인 친구들을 어디서나 만나기를 갈망한다. 여러분의 은사가 자유롭고 은혜로운 영-그 영은 그것이 말로만 하나님을 찬송하는 것이 아니라 행동과 진리로 찬송하는 것을 보이는 것을 즐긴다-의 폭발이 되게 하라. 많은 은사들에서 탁월하자. 주님의 집에는 모든 것이 마련되어 있다는 것과 어느 방에 있든지 부족함이 없다는 것을 알자. 주님을 이렇게 실제적으로 찬송하는 것은 모든 참된 신자의 평생의 직무이다.

둘째, 이 제사의 내용을 간단히 검토하자. "항상 찬송의 제사를 하나님께 드리자." 항상 하나님을 찬송하기 위해서는 어린아이 같이 하나님을 믿는 믿음이 필요하다. 여러분은 그분의 말씀을 믿어야 한다. 그렇지 않으면 여러분은 그분의 이름을 찬송하지 못할 것이다. 의심은 하프 줄로 하여금 탕 소리를 내게 한다. 의문은 모든 멜로디를 망친다. 하나님을 신뢰하고 그분을 의지하며 그분을 누려라. 만일 여러분이 그렇게 하지 않는다면, 여러분은 결코 그분을 찬송하지 못할 것이다. 불신앙은 찬송의 불공대척의 적이다.

신앙은 여러분을 주님과의 개인적인 친교로 인도하지 않을 수 없다. 찬송은 하나님께 드리는 것이지 우리 동료들에게 하는 것이 아니다. 만일 세상에서 가장 아름다운 노래인 찬송이 음악 평론가들의 귀를 위해 의도된 것이라면, 그것은 아무런 가치가 없다. 찬송은 오직 주님만을 위해 의도된 것이다. 오, 나의 주님, 내 노래가 주님께 이르리이다! 내 존재의 모든 부분은 (각각)

노래할 의무가 있다. 나는 주님을 노래할 것이다. 노래하되 주님만을 노래할 것이다. 여러분은 하나님과의 교제 안에서 살아야 한다. 그렇지 않으면 여러분은 그분을 찬송할 수 없다.

여러분은 또한 넘치는 만족, 즉 하나님 안에 있는 참된 기쁨이 있어야 한다. 형제 여러분 그리고 자매 여러분, 반드시 여러분의 기쁨을 잃지 않도록 하라. 만일 여러분이 여러분에게 있는 기독교 신앙의 기쁨을 잃어버린다면, 여러분은 그것의 능력을 잃어버리고 말 것이다. 비참한 신자가 되는 것에 만족하지 마라. 불행한 신자는 불쌍한 피조물이지만, 기꺼이 그렇게 되는 것을 따르는 사람은 위험한 상태에 있는 것이다. 틀림없이, 거룩한 행복은 대부분의 사람들이 생각하는 것보다 훨씬 더 중요하다. 여러분이 주님 안에서 행복할 때, 여러분은 그분의 이름을 찬송할 수 있을 것이다. 주님을 기뻐하라. 여러분이 그분을 찬송할 수 있도록 말이다.

또한 그것에는 틀림없이 거룩한 진지함이 있다. 찬송은 제사로 불린다. 왜냐하면 그것은 매우 신성하고 엄숙한 것이기 때문이다. 자신들의 산 제물을 가지고 제단으로 온 사람들은 공경의 침묵, 경외의 떨림을 가지고 거기에 왔다. 우리는 경솔한 행동으로는 하나님을 높일 수 없다. 하나님은 하늘에 계시고, 우리는 땅에 있다. 그분은 매우 거룩하시며, 우리는 죄가 많다. 우리는 겸손히 공경하는 마음으로 우리의 신을 벗어야 하고, 열정적으로 사모하면서 예배해야 한다. 그렇지 않으면, 하나님은 우리의 제사를 기뻐하실 수 없다. 삶은 그것이 참될 때 진지하다. 삶은 반드시 그것을 전능하신 하나님을 찬송하면서 보낼 때 참되고 진지하다.

항상 하나님을 찬송하기 위해서 여러분은 부단한 감사의 마음을 기를 필요가 있다. 물론 그렇게 하는 것은 어려울 리가 없다! 일어날 수 있던 모든 불행이 일어나지 않은 것은 (하나님이) 베푸신 은총이라는 것을 기억하라. 용서받은 모든 죄는 하나님이 베푸신 은총이다. 수행한 모든 본분 역시 (하나님으로부터) 받은 은혜이다. 하나님의 사람들은 무한하신 하나님이 자신들을 위해 제공해주신 다 쓸 수 없을 만큼 많은 좋은 것들의 보고를 가지고 있다. 모든 사람을 위해서 우리는 그분에 대한 찬송으로 흘러 넘쳐야 한다. 여러분의 찬송들이 풍성하게 공급받는 수원의 물 같게 하라. 그 개울이 폭발적인 열정으로 하늘 높이 솟구쳐 오르게 하라. 그것이 다시 은혜의 소나기로 땅에 내리게 하라. 그것이 여러분의 매일의 삶의 웅덩이를 채우고는 다른 사람들의 삶 속으로 흘러 들어가게 하라. 그런 다음, 그것으로 하여금 찬란한 기쁨의 폭포수로 항상 내려오게 하라.

찬송을 하기 위해서는 여러분에게 주 하나님께 대한 깊고도 열정적인 감탄이 필요하다. 하나님 아버지께 감탄하라. 그분의 사랑을 많이 생각하라. 그분의 완전하심에 정통하라. 하나님의 아들, 아주 멋지신 분에 감탄하라. 여러분이 그분의 친절, 자기부정, 사랑 그리고 은혜에 주목할수록, 여러분의 마음이 그분께 완전히 반하게 하라. 성령님의 오래 참으심과 겸손에 감탄하라. 즉 그분이 여러분을 찾아오시고 여러분 안에 거하시며 여러분을 오래 참아주시는 것에 감탄하라. 깨끗함을 받고 가르침을 받은 마음에 주 하나님께 대한 큰 감탄으로 가득 채우는 것은 어려울 리가 없다. 그것은 찬송의 소재이다. 감사에 의해 불꽃이 붙고 즐거움과 기쁨에 의해 (그 불꽃이) 타오르게 되는 하나님께 대한 지적 감탄은 항상 찬송을 낳지 않을 수 없다. 하나님과의 개인적인 관계 안에서 살고 또 한 어린아이가 자신의 아버지를 신뢰하듯 그분을 신뢰한다면, 영혼은 예수 그리스도를 통해 항상 하나님께 찬송의 제사를 드리는 데 어려움을 겪을 수 없다.

셋째, 나는 이 복된 찬송의 실천을 권하고 싶다. "항상 찬송의 제사를 하나님께 드리자." 왜냐하면 그렇게 할 때, 여러분은 여러분이 존재하는 이유를 발견할 것이기 때문이다. 모든 피조물은 그것이 창조된 목적을 수행하고 있을 때 가장 행복하다. 사방으로 날아다니도록 지음 받은 새가 새장에 있으면 파리해진다. 헤엄치도록 지음 받은 물고기가 강둑에 있으면 죽는 것처럼, 독수리가 물 안에 있으면 죽을 것이다. 그리스도인들은 하나님께 영광을 돌리도록 지음을 받았다. 우리는 우리가 그분을 찬송할 때까지 결코 우리의 본래 활동 범위 안에 있지 않다. 여러분이 지금까지 보낸 가장 행복한 순간들은 여러분이 하위의 모든 것을 잊고서 경건한 기쁨과 행복에 넘친 찬송으로 여호와 하나님의 보좌 앞에 절을 했던 순간이다. 그것은 나에게도 사실이며 여러분에게도 마찬가지라는 것을 나는 믿어 의심하지 않는다. 여러분의 전 영혼이 찬송으로 가득 찰 때, 여러분은 드디어 여러분의 심장이 겨냥하고 있는 목표에 도달한 것이다. 여러분의 배는 지금 돛을 모두 올리고 있다. 여러분의 삶은 부드럽고 안전하게 계속해서 진행한다. 이것은 그것이 매끄럽게 움직이도록 만들어진 수로이다. 전에 여러분은 여러분의 창조된 목적이 아닌 것을 하려고 애쓰고 있었다. 그러나 이제 여러분은 마음이 편안하다. 여러분의 새로운 본성은 하나님을 찬양하도록 맞추어졌고, 그렇게 할 때 마음의 평안을 얻는다. 이 일을 계속하라. 덜 신성한 일로 여러분 자신의 가치를 떨어뜨리지 마라.

하나님을 찬송하라. 왜냐하면 그것은 당연히 하나님께 드려야 하는 것이기 때문이다. 여호와 하나님이 찬송을 받지 못한 채로 계셔야 하겠는가? 찬송은 만물을 누리는 것에 대해 하나님이 우리에게 요구하시는 임대료이다. 우리는 지불하는데 꽁무니를 빼려는가? 인간이 하나님의 것을 강탈하려는가? 하나님이 마땅히 받으셔야 할 것을 그분께 드리는 것이 그토록 행복한 일임에도 불구하고, 우리가 그것을 부정하려는가? 주님을 송축하는 것은 우리를 축복하는 것이다. 우리가 하나님의 영광의 범위를 제한하려는가? 하나님은 우리에게 베푸시는 자신의 은혜를 제한하지 않으신다. 만일 여러분이 최근에 슬픔에 잠겼다면, 글쎄, 여러분의 의기소침을 흔들어 떨쳐버리고 여러분의 모든 악기들을 깨워 주님을 찬송하라! 하나님의 성도들 가운데 불평과 불만이 없게 하라. "여호와께 그의 이름에 합당한 영광을 돌리며 거룩한 옷을 입고 여호와께 예배할지어다"(시 29:2). 주님은 찬송을 받지 못하실 수도 있는가? 물론이다. 만일 하나님의 자녀들이 그분의 이름을 찬송하지 않는다면, 틀림없이 돌들과 바위들이 분개하여 자기들의 영원한 침묵을 깰 것이다.

항상 하나님을 찬송하라. 왜냐하면 그것은 여러분이 하는 그 밖의 모든 일을 도울 것이기 때문이다. 찬송이 가득한 사람은 다른 모든 거룩한 의식들(exercises)들에 대해서도 준비가 되어 있다. 비록 내가 신자들을 재촉하여 하나님을 찬송하도록 해야 한다고 느끼지 못하기는 했지만, 나 자신에게 이 권고를 준비하도록 강제할 수 없었던 그와 같은 사람은 내 몸의 아픔이자 약점이다. 나는 내 아픔이 내 말을 강조하게 될 것이라고 생각했다. 나는 정말로 주님을 찬송한다. 나는 그분을 찬송해야 한다. 그것은 내가 내 마지막 순간에 성령의 도우심을 힘입어 수행하기를 바라는 본분이다. 찬송은 내가 사역하는 것을 도와준다.

여러분은 모든 종류의 봉사를 하러 갈 때면 언제나-설사 그것이 가게를 열고 점원으로 일하는 것보다 아무 것도 더 나은 것이 없을지라도-여러분이 찬송과 감사의 영 안에 있다면 그것을 그 만큼 더 잘 할 것이다. 만일 여러분이 가정의 하인임에도 항상 하나님을 찬송할 수 있다면, 여러분은 그 집에 위로가 될 것이다. 비록 여러분이 주인이지만 인생의 문제에 둘러 쌓여있을지라도, 만일 여러분의 마음이 항상 주님을 송축하고 있다면, 여러분은 기운을 낼 것이며 여러분 주변에 있는 사람들에게 모질지 않고 성깔 있지도 않을 것이다. 주님을 찬송하는 것이 양식이요 약이다. 천국의 새들이여! 이상한 이야기이지만 이 노래는 여러분이 날도록 깃털을 달아줄 것이다! 하나님께 대한 찬송들은 순례자들의 뒤꿈치에 날개를 달아준다. 그러므로 그들은 달릴 뿐만 아니라 난다.

  찬송은 많은 악에서 우리를 지켜줄 것이다. 마음이 하나님께 대한 찬송으로 가득할 때, 그것은 동료들의 잘못을 찾아내서 그들에게 거만하게 화를 낼 시간이 없다. 누군가 우리에 관해 매우 불쾌한 것을 말했다. 그렇지만 우리는 우리가 지금 하고 있는 일, 즉 항상 하나님을 찬송하는 일을 끝마칠 때 그에게 반응할 것이다. 현재 우리에게는 해야 할 큰 일이 있으며 말다툼할 수가 없다. 자기애와 그것의 자연적 결과로 생기는 염증들은 찬양의 불꽃 가운데 소멸한다. 만일 여러분이 항상 하나님을 찬송한다면, 삶의 고민거리와 어려움은 기꺼이 견디게 될 것이다. 찬송은 행복한 사람을 강한 사람으로 만들어 준다. "여호와로 인하여 기뻐하는 것이 너희의 힘이니라"(느 8:10). 하나님을 찬송함으로 우리는 길가 시내에서 마시며 우리 고개를 들게 된다. 우리는 찬송하는 동안에는 두려워할 수 없다. 우리는 세상의 지지에 의해 매수될 수 없고 그것의 화난 기색에 겁먹을 수 없다. 찬송은 우리를 천사로 만들어준다. 우리에게 찬송이 많게 하자.

  하나님을 찬송하자. 왜냐하면 그것은 유용성의 수단이 될 것이기 때문이다. 나는 하나님을 찬송하면서 보내는 삶은 그 자체로 선교적 삶이라고 믿는다. 살아오는 동안 결코 설교를-심지어는 강의도-해본 적이 없는 그 점잖은 자매는 조용하고 행복하고 유익하며 사랑스러운 삶을 살았다. 그녀의 모든 가족은 그녀로부터 주님을 신뢰하는 법을 배웠다. 그녀가 죽을 때조차도, 그들은 그녀의 영향력을 느낄 것이다. 왜냐하면 그녀는 그 집의 천사였기 때문이다. "(그녀가) 죽었으나 그 믿음으로써 지금도 말하느니라"(히 11:4). 찬송으로 가득 차 있는 마음은 하나님을 감동시킨다. 그저 쓸데없이 말만 많은 것은 단지 가을 낙엽과 같이 질식시키는 연기로 소멸될 것이다. 그러나 찬송은 포도원의 마무리용 기구(dresser) 위에 있는 은빛 바구니 안에서 볼 수 있는 황금빛 열매이다.

하나님을 찬송하라. 왜냐하면 그것은 하나님이 애호하시는 것이기 때문이다. 다음 구절은 그것을 잘 나타내준다. "하나님은 이 같은 제사를 기뻐하시느니라"(히 13:16). 하나님을 기쁘시게 하는 일이라면 무엇인들 못하랴? 우리가 영원히 송축 받으실 하나님을 기쁘시게 할 수 있다는 것이 너무 좋아서 믿기 어려워 보인다. 하지만 그것은 사실이다. 왜냐하면 하나님은 자신의 자녀들의 찬송과 선물을 아주 기뻐하신다고 분명하게 말씀하셨기 때문이다. 그러므로 사랑하는 우리 아버지, 우리의 복되신 하나님에게서 아무 것도 제지하지 말자. 내가 하나님을 기쁘시게 할 수 있을까? 그것이 무엇인지 내게 말하라. 그러면 그것을 당장 할 것이다. 나는 숙고하지 않고 곧장 그것을 할 것이다. 만일 숙고한다면, 그것은 그저 더 잘 섬기기 위해서거나 더 신중하게 섬기기 위해서일 것이다. 만일 내가 그분을 찬송해도 된다면, 그것은 영광일 것이다. 그것은 내게 최고의 행복일 것이다.

이 권고를 매듭짓기 위해서 여러분이 찬송을 부르는 것은 천국을 준비하는 것임을 기억하라. 찬송은 평소의 소원을 나타낸다.

이 세상에서 내가 그 음악을 시작하리라.
그러면 내 영혼이 소생하리라.

여러분은 이 세상에서 그 음악을 시작할 수 있다. 지금 여기에서 하나님을 찬송함으로 영광의 할렐루야를 시작하라. 여러분이 하나님의 얼굴을 뵙고 결코 다시는 죄를 짓지 않게 될 때, 여러분은 그분을 어떻게 찬송할 것인지에 대해 생각하라. 바로 지금 주님을 크게 찬송하라. 그리고 하늘의 음악을 연습하라. 장차 영광 가운데서 여러분의 가락은 더 높이 올라가게 되겠지만, 바로 여기에서도 여러분이 부르는 노래가 그와 같게 하라. 하나님을 찬송하라! 그분을 더욱더욱 찬송하라! 하나님의 영광의 사다리를 향해 찬송의 함성을 계속해서 높여라. 여러분이 이전보다 더 잘 그분을 찬송하기 위해서 그 꼭대기에 이르러 그분과 함께 할 때까지 말이다. 아, 우리의 삶이 단속적이지 않고 모두 하나의 악곡—한 설 한 설 끊임없이 울리 퍼져 영원힌 할렐루야가 되는 한편의 시—이 될 수 있다면!

본문에서 배우는 마지막 요점은 이것이다. 당장에 시작하자. 그 절은 이렇게 말한다. "항상 찬송의 제사를 드리자." 사도 바울(히브리서의 저자—역주)은 이렇게 말하지 않았다. "여러분이 일을 그만두고 시골로 은퇴했을 때, 또는 아마도 여러분이 죽음에 임박할 때, 마침내 이 일을 시작하라." 그 대신에 그는 이렇게 말했다. "지금 '찬송의 제사를 드리자.'"

들어 보라! 누가 말하고 있는가? 나는 누구의 목소리를 듣는가? 사도 바울이다. 그는 이렇게 말한다. "찬송의 제사를 드리자"! 바울이여! 당신은 어디에 있는가? 그의 목소리는 낮은 곳 안에서 들린다. 나는 그가 지하 감옥에 갇혀 있었다고 믿는다. 바울이여! 당신의 손을 들어라. 나는 쇠사슬이 철꺽거리는 소리를 들을 수 있다. 바울은 이렇게 외친다. "'찬송의 제사를 드리자.' 로마의 감옥에 있는 나이든 나 바울은 여러분이 나와 함께 하나님께 드리는 찬송의 제사에 참여하기를 바란다." 바울이여, 우리는 그렇게 할 것이다. 우리는 감옥에 갇혀 있지 않다. 우리는 모두 나이가 들지도 않았다. 게다가, 우리 중 아무도 팔에 쇠사슬이 스쳐 피부가 벗겨지지 않았다. 우리는 하나님을 찬송하는 일에 정성을 다해 당신과 함께 참여할 수 있다. 그리고 우리는 실제로 그렇게 한다. 와서 하나님을 찬송하자.

> 일어나 주님을 송축하라.
> 여러분, 그분이 택하신 백성들아.
> 일어나 여러분의 주 하나님을 송축하라.
> 마음과 영혼과 목소리로.

여러분은 바울의 목소리를 들었다. 이제 내 목소리를 들어라. 나와 함께 참여하라. 그리고 찬송의 제사를 드리자. 그분의 교회와 백성으로서 우리는 주님의 손으로부터 큰 은총을 받았다. 와서 시간과 공간을 가로질러 마음과 손으로 함께 연합하여 주님의 이름을 송축하고 주님 앞에서 기쁘게 예배하자. 말과 재능으로 항상 찬송의 제사를 드리자. 만일 내가 여러분을 뽑을 수 있다면, 여러분의 이름을 부르고는 "와서 찬송의 제사를 드리자"라고 말한다면, 나는 여러분 중 많은 이들이 "아, 비록 그밖에 다른 누구도 하나님을 찬송할 수 없을지라도, 우리는 찬송할 수 있고 또 우리는 찬송할 것이다"라고 말할 거라고 확신한다. 그렇다면, 그렇다면, 외적으로는 감히 그것을 진심으로 행했다고 여기라. 그러나 동시에 내적으로도 예수 그리스도를 통해 찬송의 제사를 하나님께 드리자.

서로를 부추겨 찬송하게 하자. 하나님을 찬송하면서 오늘과 내일 그리고 인생의 모든 남은 날들을 보내자. 만일 우리가 서로 조금이라도 또는 냉담하게 말없이 불평하는 것을 목격한다면, 서로에게 친절하게 필요한 질책을 하자. 그것은 소곤거리라고 하는 것이 아니다. 우리는 주님을 찬송해야 한다. 오케스트라의 리더가 자신의 막대기를 가볍게 두드려 모두에게 주의를 환기시킨 다음에 연주를 시작하게 하는 것처럼, 나는 지금 여러분을 일깨우고 각성시켜 주님께 찬송의 제사를 드리라고 말하고 있다.

사도 바울은 우리를 다소 곤란하게 한다. 그는 우리에게 제사를 드리라고 강제한다. 여러분은 그가 10절에서 "우리에게 제단이 있는데"(히 13:10)라고 말한 것에 주목했는가? 그 제단은 물질로 된 제단이 아니라 영적 제단이다. 그럼에도 "우리에게 제단이 있다." 옛 율법의 제사장들이 그 위에 제사를 드려도 되는가? "장막에서 섬기는 자들은 그 제단에서 먹을 권한이 없나니"

(10절). 그들은 옛 율법의 제단 위에 놓인 희생 제물을 먹었다. 그러나 그들은 여기서는 그럴 권한이 없다. 의식주의적인 거행과 외적인 의식들을 지키는 사람들은 여기서는 권한이 없다. 그럼에도 "우리에게 제단이 있다." 형제와 자매 여러분, 우리가 한 번도 사용한 적이 없는 이 제단을 우리 주님이 우리에게 주셨다는 것을 우리는 상상할 수 있는가? 제단들 중 가장 좋은 것 위에 드려질 수 있는 제사는 없는가? "우리에게 제단이 있다." 그러면 무엇을 해야 하는가? 우리에게 제단이 있다면, 그것이 무시되거나 버려지거나 사용되지 않은 상태로 내버려두지 마라. 그것은 거미들이 집을 짓게 하기 위해 있는 것이 아니다. 그것을 무시의 먼지들로 뒤덮이게 하는 것은 적절하지 않다. "우리에게 제단이 있다." 그러면 무엇을 해야 하는가? "항상 찬송의 제사를 하나님께 드리자." 여러분은 논증의 힘(force of argument)을 알지 못하는가? 실제로 그것에 순종하라.

제단 옆에는 대제사장(예수 그리스도)이 계신다. 거기에는 영광스럽고 아름다운 옷을 입고 우리의 예물을 건네주실 준비를 하고서 이 순간 휘장 안에 서 계신 주 예수 그리스도가 계신다. 그분이 아무런 할 일도 없이 거기에 그냥 서 계셔야 하겠는가? 여러분은 우리의 큰 대제사장이신 예수님이 드릴 것이 아무 것도 없는 제단-그분의 구속함을 받은 자들이 하나님께 가져온 제단-에서 시중드시는 것을 생각할 수 있는가? 그렇지 않다. "그러므로 우리는 예수로 말미암아 항상 찬송의 제사를 하나님께 드리자." 하나님의 백성이여, 여러분의 찬양, 여러분의 기도,

여러분의 감사의 예물을 가져다가 그것들을 전능하신 하나님께 드려라!

만일 여러분이 그 핵심 구절의 전체 문맥을 이해한다면, 여러분이 거룩한 제사를 드리는 것은 당연하다. 왜냐하면 그 구절은 여러분이 하나님을 찬양하지 않을 수 없는 많은 것들을 여러분 앞에 가져오기 때문이다. 영문 밖에서 고난을 당하시는 여러분의 구주를 보라! 그분의 피 흘리는 상처, 핏자국 난 거룩한 손, 고뇌로 가득 찬 얼굴, 죄의 고통으로 터질 듯한 심장을 물끄러미 바라보라! 여러분은 그 광경을 보면서 주 하나님을 예배하지 않을 수 있는가? 구속의 성취, 죄 사함, 값을 치르고 얻은 구원, 지옥의 정복, 죽음의 폐지 그리고 여러분의 복되신 주님과 주인이신 예수 그리스도께서 이루신 이 모든 것을 보라! 여러분은 이 모든 것을 보고도 그분을 찬송하지 않을 수 있는가? 그분의 귀한 보혈이 여러분 위에 떨어지고 있다. 여러분을 정결하게 하고 있다. 여러분을 하나님께로 가까이 데려가고 있다. 지고하신 분의 무한한 거룩하심 앞에서 여러분이 받아들여질 수 있게 하고 있다. 그러므로 여러분은 여러분 자신이 그와 같은 은총을 받은 것을 이해할 수 있는가? 그것을 행한 귀한 보혈을 보면서 그분의 이름을 찬송하지 않을 수 있는가?

먼 거리여서 희미하게 보일지라도 의심하지 말고 "하나님이 계획하시고 지으실 터가 있는 성을"(히 11:10) 바라보라. 흰옷을 입은 정결하게 된 자들이 자신들의 황금 수금을 연주하면서 노래를 부르고 있는데, 여러분은 머지않아 그곳에 있게 될 것이다. 몇 날 또는 몇 해가 더 지나면, 여러분은 영화롭게 된 사람들 가운데 있게 될 것이다. 면류관과 수금이 여러분을 위해 준비되어 있다. 여러분은 여러분을 위해 준비되어 있는 천국으로 인해 하나님을 찬송하고 그분께 영광을 돌리기 시작하지 않겠는가? 아주 놀라우리만큼 대조를 이루는 이 두 광경-수난과 낙원, 그리고 굴욕을 당하시는 예수님과 영광을 받으시는 예수님-과 더불어, 여러분은 여러분 자신이 이 놀라운 두 광경의 공유자가 되는 것을 발견하게 된다. 의심할 바 없이, 만일 여러분이 감사와 찬송의 영원한 제사를 하나님께 드리기 시작하지 않는다면, 여러분은 틀림없이 무언가 돌보다 더 단단한 것이 되고 말 것이다. 우리 모두 영원히 중지되지 않을 찬송을 오늘 시작하기를 바란다!

아, 전에는 결코 하나님을 찬양한 적이 없는 여러분이 지금 시작한다면! 아! 여러분 중에는 찬송할 그리스도가 없고 송축할 주님이 없는 사람들이 있다! 그렇지만 여러분은 그 상태로 머물러 있지 않아야 한다. 믿음으로 여러분은 예수님을 붙잡을 수 있다. 그러면 그분은 여러분의 주님이 되신다. 그분을 믿어라. 그러면 그분은 여러분의 믿음을 옳게 여기실 것이다. 주님 안에서 안식하라. 그러면 그분은 여러분의 안식이 되어 주실 것이다. 여러분이 믿으면 시간을 낭비하지 말고 즉시 하나님이 여러분을 지으시고 구속하시고 부르셔서 하게 하시는 그 일을 시작하라. 긴 줄이 달린 향로를 감사와 사랑의 달콤한 향료로 채우고, 성실과 열정의 불타는 숯을 올려놓아라. 그런 다음, 찬송이 연기기둥처럼 여러분으로부터 피어나기 시작할 때, 지극히 높으신 분 하나님 앞에서 향로를 앞뒤로 흔들어 영원히 살아 계시는 주님을 더욱더욱 찬송하고 송축하고 찬미하라. 여러분의 마음이 그분의 이름을 듣고 춤추게 하며, 여러분의 입술이 그분의 구원을 알리게 하라.

주께서 오늘 여러분에게 기름을 부으셔서 찬송의 제사장직을 수행하게 하시기를 위해 기도한다. 예수 그리스도를 위해서! 아멘.